Arena-Taschenbuch
Band 2511

Gute Weihnachtsgeschichten sind rar. Das Thema ist zu oft variiert worden. – Reding weitet das Thema weltweit aus. Er ist ein Autor, der seiner Heimatregion tief verbunden bleibt, aber gleichzeitig überall auf der Erde zu Hause ist. Die Geschundenen und Verarmten, die Erniedrigten und Beleidigten sind seine Brüder. Diese Grundposition gibt seinen Kurzgeschichten ihre besondere Note.

Die Welt

Josef Reding

Kein Platz
in kostbaren Krippen

Weihnachtsgeschichten für unsere Zeit

CIP-Titelaufnahme der Deutschen Bibliothek

Reding, Josef:
Kein Platz in kostbaren Krippen:
Weihnachtsgeschichten für unsere Zeit/Josef Reding.
– 1. Aufl. – Würzburg : Arena, 1990
  (Arena-Taschenbuch ; Bd. 2511 : Litera)
  ISBN 3-401-02511-2
NE: GT

1. Auflage als Arena-Taschenbuch 1990
Lizenzausgabe des Georg Bitter Verlags, Recklinghausen
© 1979 by Georg Bitter Verlag KG, Recklinghausen
Reihengestaltung: Dieter Leithold und Karl Müller-Bussdorf
Umschlagillustration: Dieter Leithold
Gesamtherstellung: Pfälzische Verlagsanstalt, Landau
ISSN 0518-4002
ISBN 3-401-02511-2

Inhalt

Kein Platz in kostbaren Krippen 7
Vaters schwarzer Weihnachtsteller 17
Nicht nur die Münzen allein 21
Die Weihnachtsuhr des Baltus Kern 27
Waggon im Akkord 33
Mister Larrybees Leuchtturm 43
Als Juanita fort war 53
Am Kai der sterbenden Dschunken 57
Jocks gewohnter Weg zum Hafen 67
Ein Fall für die Notbremse 75
Kasse statt Krippe 81
Der nickende Neger 85
Die Minute des Erzengels 93
In zehn Minuten ist Bescherung 99
Im Schwenkkreis des Krans 109
Kein Abend für Kassiber 113
Paketschalter geschlossen 117
Als ob die Hirten einen anderen Herrn hätten... . . . 121
Lebte Christus nur ein paar Stunden? 125

Kein Platz in kostbaren Krippen

Wenn Umberto sich mit dem Rücken gegen die Wand lehnte, kroch der Frost aus dem großporigen Beton in seine Schulterblätter. Wenn er sich von der Wand abstieß, wurde ihm die einjährige Tochter Gina in seinen Armbeugen zu schwer. So pendelte Umberto verdrossen mit dem Oberkörper hin und her. Der kleinen Gina behagte dieses Wiegen. Sie lächelte.
Umberto lächelte nicht. Er grübelte. Warum brauchte Paolina mehr als eine Stunde Zeit, um vier Mark dreiundachtzig in Kaufläden unterzubringen? Jawohl: vier Mark dreiundachtzig! Soviel Geld war ihnen noch geblieben, als sie gestern die großen Lirescheine gegen erschreckend kleine deutsche Banknoten eingetauscht und die erste Miete bezahlt hatten. Vier Mark dreiundachtzig. Herzlich wenig in diesem Land, in dem sie nun seit zwei Tagen wohnten und er seit einem Tag arbeitete. So wenig jedenfalls, daß man das Geld für einen winzigen Einkauf im nächsten Geschäft in Sekundenschnelle loswerden konnte. Aber Paolina war nun schon eine halbe Ewigkeit fort. Ich will nur ein wichtiges Weihnachtsgeschenk kaufen, für uns alle! Warte hier mit Gina so lange auf mich! So hatte Paolina gesagt, als sie mit ihren honiggelben Sommerschuhen den Trampelpfad im Schnee davoneilte. Umbertos Ruf: Nimm mich doch mit! hatte Paolina mit dem ablehnenden, schon verwehten Satz: Soll eine Überraschung sein! beantwortet.
Und jetzt steht Umberto da und trampelt machmal mit den Beinen, gegen die Kälte und aus Unmut über das lange Ausbleiben seiner Frau. Sein dünner Mantel ist gerade noch den Wintertemperaturen Siziliens, nicht aber dem Frost dieser deutschen Gegend gewachsen. Jetzt hat auch Gina ihr Lächeln

aus dem Gesicht geräumt. Gina tut das, was sich Umberto verkneifen muß: Sie kräht ihren Protest gegen das lange Warten heraus.
Umberto weiß, daß er hier draußen nicht mehr stehen bleiben kann. Er muß sich mit Gina irgendwo unterstellen, selbst auf die Gefahr hin, daß Paolina Schwierigkeiten hat, sie wiederzufinden. Aber wohin soll Umberto gehen? Für ein Café oder Gasthaus hat er kein Geld. Und in den Kaufhäusern kann man in dem Geschiebe und Gerenne dieser Tage keinen Fußbreit Stehplatz finden.
Jetzt erst schaut Umberto das Gebäude, vor dem er steht, genauer an. Umberto liest »Museum« über dem Portal und empfindet Genugtuung, darüber, daß man auch in diesem Land ohne Lehnwörter aus seiner Sprache nicht auskommt. Er sieht ein mannshohes Plakat mit einer stilisierten Krippe. Vielleicht sollte ich in diesen Kunstbunker hineingehen, denkt Umberto. Jedenfalls sind im Museum weniger Leute als im Großkaufhaus.
Aber wenn ich Eintritt bezahlen muß...?
Umberto braucht keinen Eintritt zu bezahlen: »Die internationale Wanderausstellung, ›Kostbare Krippen aus aller Welt‹ ist frei!« sagt die Frau im Foyer.
»Katalog mit 90 Abbildungen 6 Mark.«
Umberto versteht von diesen Sätzen nichts. Er begreift aber die Geste, mit der die Frau ins Innere des Gebäudes zeigt: Sie können gehen, es kostet nichts.
Gina wird still. Die Wärme in den mit blauen Teppichböden ausgelegten Räumen tut ihr wohl. Umberto schlägt seinen Mantelkragen herunter; ein mühsamer Vorgang mit dem Kind auf dem Arm.
Umberto staunt. Bisher hat er die mit Goldpapier beklebte Krippe seiner sizilianischen Heimatkirche Sant' Agnese für be-

sonders prunkvoll gehalten. Aber was er hier sieht, übertrifft sein Vorstellungsvermögen. Da sind Krippen in Bronze und Kupfer, in Elfenbein und Alabaster. Da sind Krippen, besetzt mit Edelsteinen, bemalt mit biblischen Szenen, ausgelegt mit Purpur und Bilderteppichen. Und wahre Heerscharen von Figuren!
»Diese Schnitzkrippe von 1481 wurde gefertigt vom neapolitanischen Meister Frederico Giorghese«, sagt ein kleiner, schneller Mensch in Umbertos Nähe zu einer Gruppe älterer Damen, die an ihren einheitlichen Kostümjacken eine Kennkarte mit der Aufschrift »Kongreß des Brauchtumsvereins Kurkölnisches Sauerland« tragen. »Ah«, sagen die Damen. Sie sagen oft nur ah, wenn der wieselflinke Erklärer dazu eine Pause läßt.
»Von diesem Jahr 1481 existiert in der Kunstgeschichte die Krippenepoche. Von Neapel aus verbreitete sich dann die Krippenkunst in ganz Mitteleuropa, zunächst in Prag und Altötting. Eine ausgesprochene Rarität ist die Eskimokrippe aus Walroßzähnen, die ich mit großer Mühe aus einer Sammlung in Reykjavik ausleihen konnte. Sie steht im Nebenraum...«
Die kurkölnischen Brauchtumsdamen verschwinden mit dem eiligen Kunstwart nach nebenan. Ihre entzückten Ah-Rufe klingen nur noch gedämpft zu Umberto hinüber. Umberto läßt den Namen Frederico Giorghese – das einzige, was er neben Neapel aus der Rede des Erklärers verstanden hat – in seinem Kopf nachklingen.
Dio mio, denkt Umberto, was wären diese Leute hier Banausen ohne uns. Aber was nützt es uns, wenn sie hier einen Landsmann rühmen. Mich beachtet niemand. Ich habe keinen Pfennig in der Tasche. Meinen Namen kennt keiner. Dabei denkt Umberto wieder an seine Frau, die mit den vier Mark dreiundachtzig auf der Suche nach Weihnachtsüberraschungen ist. Was Paolina wohl dafür bekommen wird? Jedenfalls kaum eins

der Geschenke, die hier die Krippenfiguren zum Jesuskind bringen. Und Umberto betrachtet die Hirten, die Lämmer und Butterwecken, Flöten und Schalmeien, Früchte und Felle darbringen, und die Könige, die eigenhändig Gold, Weihrauch und Myrrhe dem Knaben entgegenreichen. Die Könige benehmen sich etwas linkisch dabei, denkt Umberto und findet nach einigem Nachdenken eine einleuchtende Erklärung: Könige sind im Anreichen nicht geübt, weil sie alles gereicht kriegen. Basta.
Umberto neidet dem Christkind die Gaben nicht. Waren ja auch arme Schlucker, die aus der Santa Familia, denkt er. Aber es wäre schön, wenn wir etwas von den Krippengeschenken abbekommen könnten. Paolina braucht dringend ein Paar Winterstiefel; sie holt sich mit ihren leichten Sommerschuhen im Schnee eine Krankheit. Und wenn mir einer der Hirten auch so ein Lammfell schenken würde, könnte ich Gina gleich draußen warm damit einpacken ...
Gina schläft. Umberto geht jetzt auf Zehenspitzen durch den Raum, obgleich der Teppichboden ohnehin die Schritte schluckt. Umberto sieht sich nach einem Stuhl um. Es ist kein Stuhl da. Nur Krippen. Vielleicht findet sich in einem der anderen Räume eine Sitzgelegenheit?
Umberto überholt die Gruppe der kurkölnischen Brauchtumsfrauen. Er fürchtet, daß Gina durch die lauten Erklärungen des Kunstführers wach wird. Aber Gina schläft weiter. Das Gewicht des Kindes wird für Umberto immer schwerer. Er vermeint, ein Kalb auf seinen schmerzenden Armen zu tragen. Er muß Gina irgendwo ablegen. Wenigstens für eine kleine Verschnaufpause. Sonst fällt ihm das Kind schließlich noch von den Armen. Umberto sucht vergebens. Er findet nicht einmal eine Fensterbank in diesem klimatisierten, mit Lichtröhren erhellten Kunstbunker. Da sieht Umberto eine leere Krippe. Eine schmucklose

Krippe aus dunklen, nagellos ineinandergefugten Brettern. Weder in noch an der Krippe sind Figuren. Nur ein Schild steht dabei, aber dessen Aufschrift kann Umberto nicht lesen.
Zwar ist um die Krippe eine Absperrung angebracht: vernikkelte Ständer mit einer umlaufenden dicken roten Kordel. Aber Umberto kann vorsichtig über die niedrige Barriere steigen und Gina in die Krippe legen. Jetzt geht er mit großen Schritten wie erlöst durch den Raum, kreuzt die Unterarme über die Brust und massiert mit wohligem Ächzen die gepeinigte Schulterpartie. Mit müden Bewegungen zieht er den Mantel aus, rollt ihn zusammen, legt ihn an der Wand auf den Boden und setzt sich darauf. Er spürt, wie Schweißtropfen von seinen Schläfen rieseln.
Umberto lächelt erschöpft. Im Stall zu Bethlehem wird auch kein Stuhl gewesen sein, denkt er. Deswegen sind Maria und Josef immer kniend oder stehend dargestellt.
Aus dem angrenzenden Raum tönt der Singsang des Kunstverständigen.
»Und im letzten Kabinett, meine verehrten Damen, haben wir ein Exponat, das am geschichtsträchtigsten ist. Nach einer - freilich umstrittenen - orientalischen Überlieferung soll es sich um die Originalkrippe handeln, in der Jesus unmittelbar nach seiner Geburt gelegen hat. Immerhin ist wissenschaftlich festgestellt, daß das Holz dieser Krippe etwa zweitausend Jahre alt ist. Die Bretter sind aus Zedern geschnitten, einer Baumart, die sich bei Bethlehem häufig findet. Auch entspricht die Bauweise der Krippe durchaus den Mustern, die zu Beginn der christlichen Zeitrechnung bei den palästinensischen Bauern üblich waren. Aber - wie gesagt - mit einiger Wahrscheinlichkeit wird es sich um eine Krippe aus dem dortigen Raum und nicht um *die* Krippe handeln. Auf jeden Fall stellt sie eine Besonderheit dar. Ihre Geschichte läßt sich bis zu den Kreuzzügen zurück-

verfolgen; es ist eine Leihgabe aus dem Privatbesitz des maltesischen Grafen Liondo. Übrigens das höchstversicherte Stück unserer gewiß nicht billigen Aus... aber, aber das ist ja unfaßbar, unglaublich ist das!«
Der Kunstwart steht in der Verbindungstür und starrt auf das schlafende Kind in der schlichten Krippe, deren Einmaligkeit er den Brauchtumsdamen schon vorab geschildert hatte; eine Art akustischer Appetitmacher.
»Aaaaaahhhh!« sagen die Frauen, die Gina in der Krippe sehen. Eine drängt sich nach vorn und fragt: »Da ist doch ein Wunder geschehen, nöch?« –
»Sieht man ja: ein Wunder! Aaaaaaahhhhh!« machen die Brauchtumsdamen.
»Nein, kein Wunder!« ruft der Kunstführer mit hoher, bebender Stimme. »Nein, nur ein pietätloses Benehmen dieses merkwürdigen Herren da im Schneidersitz auf dem Boden! Dieser Herr, der unsere unersetzliche Krippe offenbar als Ablage für sein Kind entweiht, zweckentfremdet, mißbraucht – Sie!«
Der kleine Kunsterklärer läuft auf Umberto zu. Als er bei ihm ist, hüpft er vor ihm auf und nieder: »Sie! Es stimmt doch, ja? Sie haben doch das Kind in unser zweitausend Jahre altes Exponat gelegt, obgleich eine Absperrung angebracht wurde und es groß auf diesem Schild geschrieben steht, um welches singuläre Stück es sich handelt und obgleich hier dick gedruckt zu lesen ist: Nicht berühren! Hören Sie? Nicht berühren! Und Sie berühren das Unikat nicht nur, Sie betten sogar Ihren Nachwuchs hinein, Sie...!«
Umberto schiebt sich mit dem Rücken die Wand hoch, wobei er den zornigen Mann im Auge behält. Der Kunstführer ist so plötzlich auf ihn losgestürzt, daß Umberto für einen Moment an einen Tobsuchtsanfall bei dem fuchtelnden Menschen glaubt. Denn soviel Wut, nur weil er sich zum Ausruhen auf den Boden gesetzt hat, muß doch krankhaft sein.

Verständnislos zuckt Umberto mit den Schultern. Vielleicht verwechselt mich der Zornige mit jemandem! Vielleicht glaubt er, ich habe etwas von den Krippen gestohlen? Ich will ihm sagen, wie ich heiße:
»Umberto Gorgetto!« sagt Umberto mit einer knappen Verbeugung.
»Robert Krakowiak«, sagt der Museumsdirektor und verbeugt sich auch und ist sofort wütend darüber, daß er sich in das Zeremoniell der gegenseitigen Vorstellung hat hineinlocken lassen. »Sie! Lassen wir den Quatsch!« ruft er. »Holen Sie sofort Ihr Kind aus der Krippe!« Umberto bewegt sich nicht. Da packt Krakowiak den Sizilianer am Arm und drängt ihn zur Krippe. »Herausnehmen, los!«
»Der versteht nichts«, sagt eine der Brauchtumsdamen. »Er ist wahrscheinlich ein frischer Gastarbeiter.«
»Na, so frisch ist er auch nicht mehr«, sagt eine andere. »Ganz müde sieht er aus im Gesicht.«
Der Kunstführer erinnert sich jetzt an Umbertos Namen und ruft: »Ihr Bambino, Signor Umberto! Rausnehmen, avanti! Verstehen? Ex und hopp!« Und Krakowiak macht die Bewegung des Hinauswerfens.
»Ist es wenigstens ein Junge?« erkundigt sich eine der Damen, »denn ein Mädchen in der Krippe, das wäre ja...«
»Ex und hopp!« ruft Krakowiak hartnäckig.
Umberto hat längst begriffen. Und weil er begriffen hat, wächst sein Widerstand. Wie reden sie von meiner kleinen Gina? Feindselig reden sie! Ex und hopp!
Soll ich mein Kind hinauswerfen wie eine leergetrunkene Bierflasche? Mama mia, wie gehen die Leute hier mit Kindern um! Sicher haben sie alle hier ihre Kindheit im Ex- und Hopp-Stil verbracht! Vor allem dieser schreckliche Direttore!
Und Umberto beschließt, diesem Menschen nicht zu willfah-

ren. Ein Kind ist wichtiger als eine Sache, und wenn die Sache auch eine uralte Krippe ist. Ein Kind geht vor! Und Umberto steht neben der roten Absperrkordel und sagt klar: »No!«
Das eindeutige »No!« hackt den Redeschwall Krakowiaks ab. Der Kunstbetreuer weiß nicht mehr, was er machen soll. Er kann doch das Kind schließlich nicht selbst... Aber Schereeien gibt es so und so. Nimmt er das Kind heraus, schlägt dieser italienische Vater ihn schließlich nieder. Läßt er das Kind darin, dann macht es vielleicht in die kostbare Krippe – nicht auszudenken!
»Sie müssen das nicht so plump machen, Herr Museumsdirektor«, sagt eine der Damen. »Das Kind sieht doch süß aus.«
Zwar sieht Krakowiak den logischen Zusammenhang zwischen den beiden Sätzen nicht, aber er merkt, daß er falsch vorgegangen ist. Krakowiak spürt auch, daß die Stimmung der Frauengruppe umschlägt. Zugunsten Umbertos und seines Kindes. Und Umberto hat die Schar der Brauchtumsdamen endgültig auf seiner und Ginas Seite, als Gina jetzt aufwacht, Krakowiak sieht und ein feines, klagendes Schluchzen hören läßt.
»Oooooooooooch«, sagen die Frauen bedauernd und einstimmig. Und eine nestelt aus ihrem Täschchen eine daumengroße Keramik: eine Katze, die einen Buckel macht.
Die Frau gibt Umberto das Tier und sagt: »Für Bambino!«
»Bambina!« sagt Umberto. »Gina!«
»Aaaah, Gina!« wiederholen die Brauchtumsdamen. »Schöner Name.«
Und wieder ist eine bei Umberto und drückt ihm ein flaches Päckchen in die Hand: »Spitzentaschentuch, wollte ich verschenken, verschenke ich jetzt an Gina!«
Jetzt besinnen sich die meisten Frauen darauf, daß sie vor dem Gang zur Ausstellung noch einen letzten Shopping-Bummel gemacht und Kleinigkeiten eingekauft haben; ein Stückchen

Gewürzseife, ein Gläschen mit kandierten Früchten, einen Koalabären, ein Fläschen Gesichtswasser... Das alles wandert herüber zu Umberto, jedesmal begleitet von dem Namen der Adressatin: Für Gina! Und Umberto spürt, wie ihm von den ihn und die Krippe umdrängelnden Frauen sogar Geldstücke und Scheine in die Jackentasche geschoben werden: Für Gina! Umberto ist über die unerwartete Entwicklung der Lage so ratlos, daß ihm die Abwehrgeste, zu der er ansetzt, nicht überzeugend genug gelingt. Er stopft die Geschenke schließlich entschlossen in die Taschen. Es ist ja für Gina, sagt er sich. Die Damen vom Brauchtumsverein sind gerührt, als Umberto mit der ganzen Zärtlichkeit eines sizilianischen Vaters die kleine Gina unendlich behutsam aus der Krippe nimmt.
»Unseres Herzens Wonne liegt in Praesäpio«, trällert eine der Frauen mit einer kieksigen Sopranstimme.
Als sich die Gruppe wieder in Bewegung setzt, haben alle ein zufriedenes Lächeln auf den meist rundlichen Gesichtern. Der Kunstwart lächelt nicht, aber er geht etwas langsamer, ein bei ihm seltenes Zeichen innerer Ausgeglichenheit.
»Umberto! Ich suche dich schon seit einer ganzen Stunde. Wie geht es Gina? Die Frau am Eingang hat mir gesagt, daß du hier hineingegangen bist. Ist alles in Ordnung?« Umberto freut sich, daß Paolina wieder da ist. Er hatte sich zwar vorgenommen, Paolina wegen ihres späten Kommens zu tadeln, aber jetzt ist er zu müde und zu glücklich dazu. So sagt er nur: »Hast du etwas bekommen, für die vier Mark dreiundachtzig?«
»Und ob!« sagt Paolina. »Hier ist die Überraschung!« Paolina hebt ein Buch hoch: Deutscher Sprachlehrgang für Italiener, unter besonderer Berücksichtigung für die praktische Anwendung in Beruf, Haus und Einkauf.
»Das soll besonders gut sein, und man lernt Deutsch ganz schnell damit«, sagt Paolina. »Ich mußte in mehreren Geschäf-

ten deswegen nachfragen. Kostet vier Mark fünfzig. Jetzt haben wir noch dreiunddreißig Pfennig. Oder hast du inzwischen schon Schulden gemacht?«
»Im Gegenteil«, sagt Umberto und grinst.
»Wieso?« fragt Paolina.
»Na ja, manchmal ist es gut, wenn man eine Sprache nicht zu schnell versteht«, sagt Umberto. »Aber das mit dem Sprachbuch ist eine gute Idee. Da kann Gina gleich mit der deutschen Sprache aufwachsen. Und schau du jetzt mal in deinem kleinen Buch nach, was ›Einkaufen‹ heißt und was ›Schenken‹ und was ›Weihnachten feiern‹!«
»Warum?«
»Weil wir das nämlich jetzt tun wollen.«
»Mit dreiunddreißig Pfennigen?«
»Leg die dreiunddreißig Pfennig mal hier in die Jackentasche. Ich hab' das Gefühl, die vermehren sich da.«
»Du unverbesserlicher Träumer«, sagt Paolina. »Komm, gib mir Gina. Wir haben noch einen langen Weg bis zum Wohnlager. Und für einen Omnibusfahrschein reicht unser Geld nicht mehr...«
»Doch«, sagt Umberto.

Vaters schwarzer Weihnachtsteller

Wir kommen nach Hause. Vater und ich. Heiligabend besucht er immer mit mir die Großeltern in Wanne-Eickel. Wir bringen ihnen Geschenke. Selbstgemachte. Diesmal einen Pfeifenständer für Opa Franz. Einen Sperrholzlampenschirm, mit der Laubsäge fein zugeschnitten, für Oma Kathrin.
Jetzt sind wir auf dem Rückweg. Vom Bahnhof fährt um diese späte Stunde keine Straßenbahn mehr. Wir stapfen den zugeschneiten Schienen nach. Ab und zu ein Blick zu den Schaufenstern, wenn sie noch beleuchtet sind.
Bei Fahrrad-Schwartz bleiben wir stehen. Hier machen wir immer Rast. In der Spielzeug-Auslage, neben den Felgen, Lenkern und Luftpumpen steht noch alles wie vor Wochen: die Puppenstuben, die Stofftiere, die Blechautos und die Bleisoldaten, die aufeinander losstürmen. Unsere Soldaten sind zuversichtlich. Sie tragen Helme, die Ähnlichkeit mit einem umgestürzten Topf ohne Griff haben. Die fremden Soldaten tragen flache Helme; dafür steht ihnen die Angst des Verlierers im Gesicht. Ähnlich ist es bei den Indianern. Die halbnackten Rothäute sind zur wilden Flucht vor den Cowboys bereit. Man kann den Bleifiguren ablesen, wer verliert oder gewinnt.
Unmittelbar neben den Soldaten die Krippe. Bei Fahrrad-Schwartz steht alles so eng, daß einige Bleisoldaten sich unter die geschnitzten Hirten mischen. Ich weiß nicht, ob sie das ungeschützte Jesuskind mit ihren aufgepflanzten Bajonetten begrüßen oder bedrohen. Wie war das mit Herodes...?
Von den Gestalten um die Krippe schaue ich mir immer genau den Josef an, weil ich so heiße wie er. Der Josef ist oft verschieden dargestellt. Mal jung und kräftig wie ein Mittelstürmer

aus der Fußballmannschaft. Mal alt und mit weißem Bart wie der Küster unserer Gemeinde.
Ich hab' ihn am liebsten von der Mittelsorte, wie meinen Vater. In früheren Jahren war das Schaufenster von Fahrrad-Schwartz am Heiligabend fast ausgeräumt, aber diesmal ist noch das meiste drin. Die Leute haben kein Geld für Spielzeug, für Geschenke. Viele Männer sind in diesem Jahr wie Vater: arbeitslos.
Das Licht über den Puppenstuben, den Soldaten und der Krippe von Fahrrad-Schwartz geht aus. Alles ist weg.
Vater und ich lösen uns von der verglasten dunklen Höhle.
Ich habe ein sicheres Gefühl, daß es in diesem Jahr zu Hause nichts geben wird. So sah ich in den letzten Tagen keinen Tannenbaum, der sonst immer schon im Keller bereitstand, den angeschnittenen Fuß im Wassereimer. Über meinen Wünschen breitet sich die gleiche Dunkelheit aus wie gerade noch über der Auslage von Fahrrad-Schwartz.
Wenige Schritte vor unserer Haustür legt mir Vater die Hand auf die Schulter. »Warte ein bißchen. Ich schau mal bei Mutter nach dem Rechten.«
Ich warte. Um meine eingefetteten Schuhe wirbeln Schneeflocken. Sie zergehen, sobald sie die Fettschicht auf dem ausgemergelten Leder berühren.
Vater ist wieder da. Er sagt: »Komm.«
Hinter der Tür ziehe ich die Schuhe aus. Die rauhen Wollstrümpfe sind von den Zehenspitzen bis zu den Knöcheln feucht. Vater massiert mir eine Weile die kalten, tauben Füße. Dann gehen wir beide leise in die Wohnküche. Ein gedämpftes Licht. Das sind nicht unsere elektrischen Lampen. Das ist ein Weihnachtsbaum. Ich meine sogar, er ist größer als der vom vorigen Jahr.
Ich gehe auf den Baum zu, um die Kugeln anzufassen. Da tun

die Fingerkuppen weh. Das sind keine Tannennadeln. Das sind Stacheln.
Vater lacht und sagt: »Hülsekrabbeln.« Mutter sagt: »Stechpalmen.« Beide meinen dasselbe. Stacheliges Blattgeranke wie in der Hecke von Pastor Bohnenkamps Garten.
Aber es macht fast nichts, daß es kein Tannenbaum ist. Man sieht unter dem Schmuck ohnehin nur wenig von den pieksenden Blättern. Und das Grün ist dasselbe.
Ich schaue unter den geschmückten Stachelstrauch. Da ist nichts. Nichts als die kahle Tischfläche. Vielleicht kann ich durch einen heftigen Wunsch die Krippe und die Spielsachen von Fahrrad-Schwartz hier unter den seltsamen Weihnachtsbaum bringen?
Ich schließe die Augen fest und flüstere: »Alles rüber! Alle Puppen, Soldaten und Krippenfiguren rüber!«
Mit zusammengekniffenen Augen lausche ich. Es scharrt etwas über den Tisch. Ein seltsames Klappern. Dann knistern nur wieder ein paar Kerzen.
Ich mache die Augen auf. Unter dem Stachelbaum stehen drei Teller. Zwei Weihnachtsteller und einer, von dem man nur einen weißen Rand sieht. Auf einem Weihnachtsteller liegen ein paar graue gestrickte Handschuhe und ein Zettel mit schöner Schrift: Für Mutter. Auf dem anderen liegen Pfeffernüsse und ein kleiner Stutenkerl. Und ich muß meinen Kopf ganz nahe an den dritten Teller halten, um zu sehen, was darauf ist. Ich kann es nicht glauben: Der Teller ist bis zum Rand mit Kohle gefüllt. Mit richtigen schwarzen Kohlenbrocken, wie wir sie im Keller haben. Zwischen die Kohlenstücke ist ein Zettel gespießt: Für Vater.
Auf dem Pfeffernuß-Teller steht mein Name. Ich frohlocke. Ich hätte ebensogut den Kohleteller abbekommen können. Aber Vater muß in diesem Jahr noch ungehorsamer gewesen sein als ich. Das hat er nun davon: Kohle.

Neben Vaters Kohleteller werden die wenigen Pfeffernüsse auf meinem Weihnachtsteller zu einem gewaltigen Berg. Der Stutenkerl wächst sich zu einem Riesen aus. Ich kann mich nicht erinnern, je einen so prächtigen Weihnachtsteller bekommen zu haben.
Mutter probiert die Handschuhe an. Ich nehme mir eine Pfeffernuß und halte dann Mutter und Vater meinen Teller hin. Wir essen mit Behagen.
Im Kerzenschein glitzert die Kohle auf Vaters Teller: Katzengold. Mal gleißt es hier, mal da. Die Kohle wird immer schöner. Vater nimmt seinen Kohleteller, hebt die Herdplatte ab und läßt die Kohle langsam in den Ofen gleiten.
Es tut mir leid um die funkelnde Kohle.
Aber es wird schnell wärmer.

Nicht nur die Münzen allein

Ein altes Auto. Reichlich mit Farbe verjüngt. Auf dem rostigen Heck ein Rosenbukett. An den Türen Krokodile und Elefanten in der akkuraten Malweise der Naiven. Die Leerräume dazwischen: blaue Tupfer und ineinander verschlungene Bänder aus Rot. Über den Kühler spannt sich das Transparent mit der forschen Aufschrift: »Livingstone-Gedächtnisfahrt von Gelsenkirchen bis zum Nyassasee«.
Das Mädchen am Lenkrad hat Mühe, den Wagen in den ausgefahrenen Sandrillen des Wegs zu halten. Die vernutzte Federung des Autos kann die härteren Stöße nicht mehr abfangen; sie gehen den drei jungen Menschen im Wagen bis zur Schädeldecke durch den Körper. Neben dem steuernden Mädchen döst ein Rothaariger, und im Rücksitz schläft ein Wesen unterm Parka.
Bei dem Mädchen am Lenkrad zeichnen sich die Stellen über den Handknöcheln leicht ab. Von der Stirn sickern ein paar mit Sand vermengte Schweißtropfen in die Augenhöhlen. Das Mädchen wagt nicht, die Hand von der Riffelung des Steuers zu lassen. Es stößt den Beifahrer mit dem Ellenbogen in die Rippen. Der Rothaarige schreckt auf. Er blickt erst nach vorn, dann auf das Mädchen.
»Kannst du mir mal den Schweiß abwischen?« fragt das Mädchen. »Die Sicht wird mies. Die Sonne ist schon weg.«
Der Rothaarige nimmt ein Päckchen Erfrischungstücher aus dem Handschuhfach und reibt dem Mächen die Stirn und die Augen frei.
»Ob das 'ne Idee war? Weihnachtsferien im Oldtimer durch Afrika?« fragt das Mädchen.

»Besser als zu Hause sitzen und das Brimborium... Aber darüber haben wir doch vorher gesprochen. Und wir waren uns doch darüber einige, daß wir besser abhauen... soll ich mal wieder?«
Der Rothaarige macht eine Andeutung des Platzwechsels.
»Laß mal«, sagt das Mädchen, »In 'ner halben Stunde müssen wir uns sowieso nach 'nem Zeltplatz umsehen....«
»Und 'n bißchen Weihnachten feiern?« fragt der Rote.
»Bin dagegen allergisch!« sagt das Mädchen.
»Aber 'n Geschenk nimmst du doch an, 'n klitzekleines?«
»Nee!« sagt das Mädchen bestimmt. »Laß uns konsequent sein!«
Der Mensch unter dem Parka im Rücksitz dreht sich mit unwilligem Schnaufen herum. Schläft weiter.
Ein Schild. Im bläulichen Schatten nicht mehr lesbar. Das Mädchen stoppt den Wagen. Stellt die Scheinwerfer an. Ein Teil des Lichts bringt die Schrift zum Gleißen, ein anderer verliert sich zwischen den Termitenhügeln und Sträuchern der Steppe. Mühsam enträtselt der Rote: »Letzte Tankstelle auf 300 Kilometer. - - Auch Mahlzeiten und Übernachtung!«
»Den Sprit fürs Auto brauchen wir«, entscheidet das Mädchen. »Mahlzeiten sind Luxus. Wir haben noch genug Knäckebrot und Dosenfleisch. Und Übernachtung im Campement? Da werden wir wahrscheinlich in einen handfesten Weihnachtsrummel nach europäischem Muster geraten. Es bleibt bei unserem Zelt. Draußen. Weit weg von diesem letzten Rastplatz des Zivilisationsklimbims.«
Der alte Wagen rollt vor der Tankstelle aus. Über den Zapfsäulen in fünf Sprachen: »Frohe Weihnacht« auf Plakaten der Benzinfirma. Aus der offenen Tür des rustikalen kleinen Hotels dringt das Lieder-Potpourri eines französischen Radiosenders mit ständiger Wiederholung der Worte »Le jour de Noel« und »Il neige«.

Jetzt erst sieht man Menschen: einen Negerjungen in einer Badehose und mit einer Schirmmütze. Einen stämmigen Mann, der sich vor die Tür des Hotels postiert und rasch den Schlips am Kragen des weißen Hemdes zurechtzurrt. Und einen Einbeinigen, der sich auf die Mitte des Verbindungsweges zwischen Tankstelle und Hotel stellt. Der Negerjunge in der Badehose geht zum Zapfhahn und schaut den Rothaarigen und das Mädchen an. »Volltanken«, sagt das Mädchen und steigt mit dem Rothaarigen aus.
»Wollen wir uns dieses Hotel nicht wenigstens mal kurz ansehen?« fragt der Rothaarige. »Vielleicht ein Bier zur Feier des Tages...?«
Ohne auf die Antwort des Mädchens zu warten, schlendert der Rothaarige auf das Steppenhotel zu.
Der Einbeinige auf der Mitte des Sandwegs rührt sich nicht von der Stelle. Als der Rothaarige den Einbeinigen erreicht, hält der ihm die Hand entgegen. Er sagt nichts. Nur die Hand ist in Brusthöhe vor dem Rothaarigen.
»Onihardi!« ruft der stämmige Mann mit der Krawatte vom Hoteleingang her. »Onihardi, geh!«
Als ob die Hand des Einbeinigen von einem Knüppel getroffen wurde, fällt sie herunter. Der Mann stützt sich auf eine Krücke und humpelt davon, wobei sein Körper für jeden Schritt einen gewundenen Halbkreis machen muß. Der Mann entfernt sich aus der Lichtglocke um das Hotel und ist rasch vom Dunkel verschluckt.
»Sie wollen sicher bei uns bleiben, Monsieur, in dieser Nacht?« fragt der Stämmige mit dem Schlips und kommt vom Hoteleingang auf den Rothaarigen zu. »Es ist einiges Nette vorbereitet. Und insgesamt sind etwa fünfzehn Touristen... « Der Stämmige sieht, das der Rothaarige nicht zuhört, sondern dahin blickt, wo der Einbeinige im Dunkel verschwunden ist.

»Vergessen Sie's«, sagt der Stämmige. »Wenn Betrieb bei uns ist, stellt er sich manchmal hier auf, Onihardi, der Aussätzige. Aber er gehorcht sofort, wenn man ihn wegschickt.«
»Ja, er gehorcht. Ich hab's gesehen«, sagt der Rothaarige und kümmert sich nicht mehr um den Stämmigen. Der Rothaarige klinkt die Taschenlampe aus dem Haken an seinem Gürtel und geht dem Einbeinigen nach.
Als er den Aussätzigen mit seinem schmalen Lichtkegel erreicht, ruft er leise: »Onihardi!«
Der Aussätzige bleibt stehen, ohne sich umzudrehen. Der Rothaarige nimmt im Gehen einige Münzen aus der Hosentasche. Als er vor dem Aussätzigen steht, leuchtet er dem Mann nicht ins Gesicht. Er leuchtet auf die Münzen.
Diesmal dauert es lange, bis der Aussätzige die Hand öffnet. Seine Geste ist so zögernd und ungewiß, daß der Rothaarige schon fürchtet, der Aussätzige würde die Münzen nicht nehmen. Darum ist der Rothaarige erleichtert, als er sieht, daß sich die Finger des Mannes um das Geld schließen.
Der Rothaarige will gehen. Aber der Aussätzige bleibt stehen, und der Rothaarige weiß, daß etwas zerbricht, wenn jetzt einer geht. Es muß noch etwas hergestellt werden. Aber wodurch? Durch Sprache? Gerade die fehlt zwischen den beiden.
Der Aussätzige hebt wieder die Hand und öffnet sie. Fast mechanisch greift der Rothaarige wieder in die Tasche, um noch einige Münzen hervorzuholen. Aber der Aussätzige schüttelt heftig mit dem Kopf.
Erschrocken unterbricht der Rothaarige seine Suche nach dem Geld und schaut die Hand des Aussätzigen an, die im Licht der Taschenlampe in schmerzender Deutlichkeit zu sehen ist. Nichts als diese wartende, fast regungslos schwebende Hand ist zu sehen.
Da berührt der Rothaarige die Hand des Aussätzigen. Er drückt

sie nicht. Er berührt sie. Er legt seine Finger einen Augenblick lang wie schützend über den Handrücken des Aussätzigen. Und ihm fällt nichts anderes ein als »Onihardi!«
Jetzt nickt der Aussätzige und geht.
Der Rothaarige läßt dem Aussätzigen noch eine Weile die Lichtbahn der Taschenlampe. Dann dreht er sich um – und steht vor dem Mädchen aus dem Auto.
»Ich habe dich gesucht«, sagt das Mädchen. »Wir wollen weiter.«

Die Weihnachtsuhr des Baltus Kern

Das Fährschiff ist voll bis zum Gehtnichtmehr. Irgendwo hing früher ein Schild: »Zahl der zugelassenen Fahrgäste: 80«. Aber ich sehe im Gedränge das Schild nicht. Von wegen 80! Heute sind mindestens hundert Menschen auf der Fähre. Ob der Kapitän da nicht eingreifen...? Aber es ist das letzte Schiff vor Heiligabend. Da wollte man niemand an der Gangway stehenlassen.
Die jungen Leute haben es offenbar besonders eilig.
Ein Mädchen in einer dunkelroten, flauschigen Jacke fragt jetzt schon zum dritten Mal während unserer kurzen Fahrt: »Wie spät ist es?«
Derselbe Mann, der dem Mädchen die Uhrzeit erst vor drei Minuten gesagt hat, zieht lächelnd seine Taschenuhr und gibt Antwort: »Elf Minuten nach fünf.«
»Geht die Uhr auch richtig?« fragt ein kleineres Mädchen, das genauso gekleidet ist wie die Schwester in der Flauschjacke.
»Doch«, nickt der Mann. »Ich hab' mich immer auf die Uhr verlassen können, seit ich sie bekommen habe.«
Das kleine Mädchen schüttelt in leisem Zweifel den Kopf und flüstert der Schwester zu: »Komische Zwiebel, diese Uhr aus der Tasche! Scheint kein Verlaß drauf zu sein.« Das größere Mädchen stößt der Kleinen leicht in die Seite. Aber der Flüsterfluß läßt sich nicht aufhalten: »Ich glaube, wir fragen besser einen modernen Mann mit 'ner Quarzuhr.«
»Können Sie uns die genaue Zeit sagen?« fragt mich jetzt das kleine Mädchen.
»Ich habe zwar keine Quarzuhr«, sage ich etwas mürrisch. »Aber vielleicht tut's auch eine Uhr mit Zeigern. Elf – nein,

jetzt zwölf Minuten nach fünf. Die Zeitangabe des Herrn mit der Taschenuhr war exakt.«
Der Herr mit der Taschenuhr winkt dem Mädchen beschwichtigend zu und lächelt wieder. Ihm scheint es nichts auszumachen, zum Narren gehalten zu werden. Ich wünsche mir sein Gemüt!
Die beiden Mädchen sind verlegen. Die Kleine sagt: »Ich habe Ihre Uhr Zwiebel genannt, und trotzdem bleiben Sie freundlich.«
»Fällt mir nicht schwer«, sagt der Mann. »Ich werde oft daran erinnert.«
»Woran?« frage ich.
»Ans Freundlichsein«, sagt der Mann. »Durch meine Taschenuhr.«
»Wie kann man durch seine Uhr ans Freundlichsein erinnert werden?« fragt das kleine Mädchen. »Eine Uhr sagt einem doch nur ganz ernst die Zeit und spornt höchstens zur Eile an. Aber zur Freundlichkeit?«
»Die Uhr des alten Baltus Kern tut's«, sagt der Mann.
»Heißen Sie so, Baltus Kern?« fragt das große Mädchen und verkneift sich ein Lachen. Darf man bei diesen Gören nicht einmal den Namen Baltus Kern haben, ohne dafür ausgelacht zu werden?
»Nein«, sagt der Mann und lacht selbst, worauf mich die Mädchen bestätigt ansehen und ich mit meiner Verdrossenheit allein dastehe.
»Nein« sagt der Mann noch einmal und läßt die Taschenuhr wieder aufspringen. Ich kann bei dem Gedränge das Zifferblatt nicht erkennen. Aber nach dem Äußeren muß es eine ziemlich einfache, abgeschabte Uhr sein. »Baltus Kern hat mir viel geholfen, als ich zu ihm in die Lackiererei kam. Ich war vorher in einem anderen Beruf. Aber dann wurde ich arbeitslos und

mußte umschulen. War nicht leicht für mich. Ich war damals schon über vierzig und fing wieder da an, wo ein Lehrling anfängt. Aber der alte Baltus ließ mich nie spüren, wenn ich mich dumm anstellte und mit der Spritzpistole mehr mein Knie traf als die Bleche, die wir zu lackieren hatten. Er zeigte mir mit Geduld und Können, wie man auch das Innere eines Rohrs gleichmäßig ausspritzt. Ist schwer, so ein Rohr auch im Innern ohne Klumpen und Blasen und Rillen zu lackieren.«

»Kann ich mir vorstellen« sagt das kleine Mädchen. »Ich hab' schon Last, wenn ich meine Ohren gleichmäßig sauber machen soll.«

Der Mann nickt: »Aber nicht nur mit mir ging Baltus Kern so freundlich und mit so viel Verständnis um. Alle in der Lackiererei mochten den Alten. Er sprach mit den Auszubildenden genauso aufmerksam wie mit den Meistern. Wenn Menschen unsicher waren, machte er sie sicherer. Wenn sie ein Wort des Zuspruchs brauchten, gab er es ihnen. Baltus hatte ein Gespür für den einzelnen und für das scheinbar Kleine.«

»Das verstehe ich nicht«, sagt das ältere Mädchen. »Für das scheinbar Kleine...«

»Na ja, bei uns in der Lackiererei waren einige, die sprachen nur darüber, wie man in den Vereinigten Nationen die Weltprobleme lösen soll und welches Land neue Regierungen haben müßte. Und Baltus, der merkte, wenn es einem Kollegen im Betrieb dreckig ging oder wenn einer sich mit Schulden herumquälte oder Sorgen um die Familie hatte. Das scheinbar Kleine eben.«

»Das gefällt mir«, sagt das kleine Mädchen. »Vielleicht bin ich auch nur scheinbar klein!«

»Sicher«, sagt der Mann. »Baltus Kern hätte auch dich gern gehabt, so klein du bist. Er liebte überhaupt die kleinen Dinge und hatte eine gute Hand dafür. Käfer, Blumen, kleine Bilder. Er konnte auch mit einem winzigen Lackierpinsel ganz fein malen und schreiben. Eine Briefmarke war für ihn so groß wie ein Schreibblatt.«

»Sind wir bald am Anlegeplatz?« ruft einer der Passagiere. Der Mann schaut auf die Taschenuhr. »Noch sieben Minuten«, ruft er ermunternd zu dem Ungeduldigen hinüber. »Wir kommen noch alle zum Heiligabend zurecht.«

»Aber wie ist das möglich?« frage ich. »Wie ist das möglich, daß man mit allen Menschen gut auskommt und gleichbleibend freundlich ist. Ich schaffe das einfach nicht. Ich bin oft mufflig und brummig und unwirsch. Der alte Baltus Kern ist sicher die große Ausnahme, und Sie auch!«

»Ich war früher auch oft ungenießbar«, sagt der Mann. »War aufbrausend und eigensüchtig. Aber ich kriege jeden Tag zwölfmal einen Rippenstoß, anders zu sein. Dann klappt's.«

»Und wer gibt Ihnen den Rippenstoß?« frage ich.

»Die Uhr des Baltus Kern«, sagt der Mann und hält mir das Zifferblatt dicht vor die Augen. Ich erschrecke ein bißchen: von der Mitte der Uhr laufen kleine Aufschriften zu den einzelnen Ziffern, wie Schriftstriche. Trotz der Kleinheit kann man sie lesen: »Freundlich grüßen« steht da und »Tagesgeschenk machen« und »Mut zusprechen« und »Hilfe anbieten« und... Da zieht der Mann die merkwürdige Uhr schon wieder weg, weil auch die beiden Schwestern das Zifferblatt ablesen möchten.

»Baltus Kern hatte die Uhr schon früh so beschriftet«, sagt der Mann. »Ich glaube, zu seiner Gesellenprüfung.«

»Und wie sind Sie zu der Uhr von Baltus Kern gekommen?« frage ich.

»Er hat sie mir geschenkt, als er sie nicht mehr brauchen konnte«, sagt der Mann. »Als er Rentner wurde, zog er in das Dachgeschoß einer Lagerhalle, die zur Lackiererei gehörte. Bett, Stuhl, Tisch und Spind hat er sich selbst gezimmert. Durch eine

Luke konnte er hinuntersteigen. Die Luke machte er nie zu, auch nicht, wenn er draußen war. Aber bald konnte er nur noch wenig, dann gar nicht mehr nach draußen. Die Gicht hatte ihn krummgebogen, und beim jahrelangen Lackieren hatte die Lunge gelitten. Ein paar Arbeiterinnen bei uns kauften für ihn ein und sorgten ab und zu auch für ihn. Aber die meiste Zeit war der alte Baltus Kern allein, ohne Menschen.«
»Waren Sie denn nicht öfter bei ihm«, fragt das große Mädchen.
»Solange ich noch in der Lackiererei war, ja«, antwortet der Mann. »Aber bald nach Baltus Kerns Abschied wurde mir eine Stelle in meinem früheren Beruf angeboten, in einem entfernten Stadtteil. Ich konnte Baltus nur noch selten besuchen. Schließlich nur noch zu Weihnachten. Und bei einem solchen Besuch drückte mir Baltus seine Taschenuhr in die Hand. Ich schaute auf das Zifferblatt und erschrak, ähnlich wie Sie vorhin, mein Herr«, sagt der Mann und nickt mir verständnisvoll zu.
»Warum erschrickt man eigentlich, wenn man das Zifferblatt dieser Uhr sieht?« frage ich.
»Weil es einen zuerst unruhig macht. Man spricht ja von ›Unruhe‹ in den Uhren. Aber diese knappen, deutlichen Aufforderungen auf der Uhr von Baltus Kern machen bestimmt unruhig, schrecken uns auf, zeigen uns, was wir tun sollen.«
Die beiden Mädchen und ich nicken.
» ›Ich kann die Uhr nicht mehr brauchen‹, sagte Baltus an meinem Weihnachts-Besuchsnachmittag bei ihm. ›Ich kann nur noch meine Wände freundlich grüßen und nur noch mich selbst aufmuntern. Die Uhr muß wieder unter die Leute. Nimm du sie!‹
Das klang so bestimmt, daß ich die alte Taschenuhr gehorsam nahm. Erst auf dem Rückweg von Baltus Kerns Dachwohnung merkte ich, was ich da übernommen hatte. Und einige Wochen später fühlte ich mich so umgetrieben von der Uhr, daß ich sie

zu Baltus Kern zurückbringen wollte. Aber es ging nicht mehr. Niemand mehr konnte dem alten Baltus etwas zurückbringen. Ich mußte die Uhr behalten. Ich mußte mich an sie gewöhnen.«
Der Mann zwinkert. Da werden die aneinandergedrängten Passagiere durch einen Stoß an der Steuerbord-Seite der Fähre durcheinandergerüttelt. Als ich nach einigen Sekunden des Schwankens und Tastens wieder festen Halt habe, ist der Mann mit der Uhr schon fort; der Schub der ersten Eiligen hat ihn mitgenommen.
»Ich hätte mir das Zifferblatt gerne abgemalt«, sagt das kleine Mädchen.
Und das größere ruft den Gestalten, die draußen in Dämmerung und Schneetreiben verschwinden, bittend nach: »Kommen Sie doch, Herr – Herr – !«
Dann wird das Mädchen wieder leiser und sagt: »Wir kennen ja nicht mal seinen Namen.«
»Nein«, sagt das kleine Mädchen. »Wir kennen nur Baltus Kern.«

Waggon im Akkord

Die zwei Pfiffe kamen wütend. Dann verschwand die Lokomotive rasch. Der Nebel half ihr dabei.
Als wir den abgekoppelten Wagen auf dem Nebengleis sahen, wußten wir, daß er fror wie wir. Wir standen mißmutig. Vom Frost ertaubt. Und stumm. Wie der braunrote Waggon mit dem Steinsplitt.
»Iss kein Angebot, Dockter«, sagte Jückeraff. »Eine Schicht bloß angeschrieben kriegen, haut nicht hin. Bis wir den Waggon leer haben, iss Weihnachten schon rum. Mitsamt zweitem Feiertag.«
Wir anderen hielten uns da raus. Jückeraff machte das bißchen schon. Wenn Jückeraff einen Akkord aushandelte, hatte sich keiner von uns kaputtzuschinden brauchen. Darum ließen wir Jückeraff reden. Wir unterstützten ihn nur ab und zu durch zustimmendes Gebrumm, das wir zu einem Knurren oder gar einem aufsässigen Hohngelächter werden ließen, wenn der Alte zu geizig war. Mit dem Alten meine ich Dr. Krapp, den Besitzer unserer Firma. War Volkswirt. Hatte in diesen Betrieb reingeheiratet. Gar nicht so schlecht. Die Tochter. Der Doktor Krapp auch nicht. Zäh, aber kein Einpeitscher. Er hatte nur einen Monat gebraucht. Dann kannte er jeden von uns. Besonders die Akkordkolonne. Den Jückeraff und seine sechs Mann.
»Steinsplitt«, sagte Dr. Krapp. »Kleine, graupige Sorte. Schaufelt sich gut weg. In vier Stunden können Sie damit fertig sein. Schon um Mitternacht zu Hause. Und eine volle Schicht bezahlt. Wenn das kein Weihnachtsgeschenk ist!«
Jückeraff ging auf die herunterhängende Eisenklappe an der Flanke des Waggons zu und schlug mit der breiten Pannschüppe

auf den massigen Splittleib, der auf seinem Rücken eine graue Decke hatte: Schnee, auf den abwechselnd Sonne, Kälte und Ruß gefallen waren.

»Da ham se Ihre Graupen, Herr Dockter. Durch und durch gefroren. Drei Stunden mit der Spitzhacke, damit wir das Zeug lockerkriegen. Dann erst die Schöpperei. Nee: zwei Schichten voll angeschrieben, oder wir packen den Waggon nicht an!«

»Anderthalb Schichten«, sagte Dr. Krapp.

»Zwei Schichten«, sagte Jückeraff.

»Moment mal«, sagte Dr. Krapp. »Ich rechne mal eben aus, ob wir das verkraften können. Zwei Schichten. Ziemlich sicher ist das hier nicht drin.«

Dr. Krapp entfernte sich einige Schritte vom Waggon. Dabei kritzelte er ein paar Zahlengruppen in seinen eselsohrigen Taschenkalender, dessen früherer Goldschnitt zu einem schmuddeligen Gelb geworden war. Krapp achtete nicht auf den Weg. Vor dem Stapel mit den Hohlblocksteinen verfing sich der Alte mit dem Aufschlag der Cordhose in einem lockeren Stacheldraht-Gespinst. Erst merkte er es nicht. Dann hörte er das Klirren und spürte das leichte Zerren. Krapp schlug unwillig aus wie ein Fohlen, um den Drahtkranz loszuwerden. Sah komisch aus. Ein paar von uns lachten. »Als ob man ihm Pfeffer hintenrein gepustet hat«, sagte Czurzak leise. Und laut: »Soll ich Ihnen helfen, Herr Dockter?«

Aber da hatte sich der Alte schon freigestrampelt und war hinter dem Steinhaufen verschwunden.

»Gleich ist er wieder da und sagt: ›Eine Schicht und sieben Stunden‹«, grinste Jückeraff. Er hatte seine Fäustlinge ausgezogen und krabbelte mit den bloßen Händen in den Achselhöhlen. Es sah aus, als suchten zwei rotblau gefrorene Schweinchen Wärme und Rettung in bergenden Erdlöchern.

»Vielleicht sagte der Alte aber bloß: ›Eine Schicht und fünf

Stunden‹, hähähä!« Das war Spökenhännes. Der mit dem kleinen Tick. Nicht gefährlich. Nur lästig. Vor allem, wenn er sprach. Beim Arbeiten ging's an. Er riß sein Pensum ab wie wir. Aber sobald er den Mund auftat, prophezeite er das Blaue vom Himmel herunter. Wie's gerade so kam: Katastrophen und Zulagen, schiefen Haussegen und daß sich die neue Tippse mit dem blanken Lederkleid aus dem Baubüro in Wochenfrist hemmungslos in Jückeraff verlieben würde. Traf nichts von ein, was Spökenhännes so sabbelte. Aber wir nahmen ihm nichts krumm. Manchmal war's sogar spannend, was er zusammenspintisierte.

»Sollen wir den Akkord annehmen, wenn der Alte ›Eine Schicht und sieben Stunden‹ sagt?« fragte Czurzak den Jückeraff. »Du sagtest doch vorhin was von gefroren.«

»Gefroren ist der Split nur außen. Anderthalb Handbreiten. Wenn wir 'ranhauen, können wir Klock Mitternacht zu Hause unterm Weihnachtsbaum sitzen.«

Der Alte kam zurück. »Eine Schicht und sieben Stunden«, sagte er.

»Nichts zu machen: Zwei Schichten«, blieb Jückeraff fest. »Verdammte Dickköpfigkeit!« blaffte Krapp. Es war wirklich ein Blaffen: ein paar Dampfwölkchen jagten hintereinander aus seinem Mund.

»Nicht fluchen, Herr Dockter, wo's doch Heiligabend ist«, beruhigte Jückeraff.

»Wer am Tag dreimal flucht, kommt abends nicht mehr in die Schlappen rein«, sagte Spökenhännes.

Krapp beachtete unsern Spinner nicht. »Wenn der Bagger nicht kaputt wäre, hätten wir den Waggon in Nullkommanix leer. Ich kann doch für so eine Klacksarbeit nicht zwei volle Schichten für sieben Mann rausrücken.«

»Aber Dockter, Sie wissen doch: Das Standgeld für die zwei

Weihnachtstage kommt Ihnen teurer als der Doppellohn für meine Kolonne«, sagte Jückeraff. Die Fältchen um sein rechtes Auge herum vertiefen sich. Es konnte sein, daß er da was reingekriegt hatte. Es konnte aber auch sein, daß er zwinkerte.
Dr. Krapp lachte. Ein bißchen verlegen, aber er lachte. »Sie kennen allmählich zu viele Betriebs-Interna, Jückeraff«, sagte er. »Entweder Sie werden bei uns Direktor oder fangen an, eine andere Firma auszupressen. Unterhalten wir uns mal nach Weihnachten darüber, Sie olle Zauberflöte. Jedenfalls: Sie haben für Ihre Leute gewonnen. Zwei Schichten pro Kopf, wenn ich bis Mitternacht der Bahn den leeren Waggon zurückmelden kann.«
Er marschierte ab. Spökenhännes begann zu singen: »Vorwärts Waggoneure, sonst gucken wir inne Röhre...«
Krapp achtete diesmal auf den Weg und stieß den bissigen Stacheldraht zur Seite, daß er über den starren Boden schepperte. Dann drehte sich Krapp noch einmal zu uns. »Wenn ihr fertig seid, kann einer im Baubüro Bescheid sagen. Da hab' ich noch zu tun. Bilanz ist in ein paar Tagen fällig.«
Das Gesicht unseres Alten sah besorgt dabei aus. War das Mache?
Spökenhännes hörte mit seinem selbstgemachten Singsang auf und sagte eine seiner faden Allerwelts-Weisheiten hinter Krapp her: »Der wird hier auch nicht alt.«
Aber Jückeraff schüttelte die Gedanken, die wir an den Alten verschwendeten, barsch ab. »Der geht jetzt in die warme Bude, und wir können hier schuften!« Jückeraff hatte recht. Wer kann sich schon Mitleid mit seinem Direktor erlauben?
Jückeraff sprang auf den Splitt. Die Eiskruste brach wie ein Bierglas, das vom Tresen auf die Fliesen schlägt. Wie ein volles Bierglas. So mit »Klack!« und »Ratsch!«
Bald war mit Spitzhacke und Schaufel so viel Waggonfläche

freigeräumt, daß wir alle Platz zum Arbeiten hatten und voll loslegen konnten. Als auch der letzte auf dem Waggon stand, zog Jückeraff seine Taschenuhr aus der Jacke. Eine richtige Jubiläumszwiebel, dieser Zeitmesser. »In vier Stunden ist Mitternacht«, sagte Jückeraff.
»In vier Stunden haben wir Weihnachtsschicht, Heimschicht, Familienschicht!« freute sich Spökenhännes. Ein paar von uns zogen die Jacken aus. Das scharfe Tempo brachte dunkle Halbmonde in die Achselhöhlen unserer Strickjacken. Ab und zu schräpte das Stahlblech einer Pannschüppe breit über die Metallfütterung des Waggons. Das quietschige Geräusch jagte uns ein fieses Schuddern über unsere Leiber. Immer mehr Kälte robbte sich auf dem Boden zum Waggon vor. Der Waggon dampfte; der Splittgrus unter der harten Decke war warm.
Wir schauten selten auf. Wenn wir es taten, sahen wir unter den Peitschenleuchten des Bahnübergangs eingemummte Gestalten mit Gebetbüchern. Zweimal Männer mit gefesselten Tannenbäumen unterm Arm. Die große, stachlige, grüne Knospe würde sich erst in der Wärme eines Zimmers entfalten. Bald. Gleich.
Spökenhännes kam ein paarmal aus dem Takt. Er schmiß Jückeraff aus Versehen eine Schaufelladung Splitt gegen die Kniescheiben. Jückeraff machte eine Art Indianertanz, schluckte aber einen Schwall Geschimpfe wieder runter. Kostete zu viel Zeit jetzt. Aber Spökenhännes blieb unruhig. Schließlich stützte er sein Kinn auf den Schaufelgriff.
»Mach kein Arbeiterdenkmal, Hännes«, rief Czurzak. Spökenhännes blickte nachdenklich in den Nebel, den die Kälte durchsichtiger gemacht hatte. »Ich habe sowatt im Gefühl, als ob…«
Wir erstickten das, was Spökenhännes im Gefühl zu haben glaubte, durch ein verdrossenes Lachen. »Kannst 'n andermal Prophet spielen«, knurrte Jückeraff.

»Aber ich meine...«
»Hör uff! Mach hin!« Die Schaufeln knirschten. Der Splitt rieselte. Manchmal polterte ein vom Frost zusammengebackener Brocken gegen die Waggonwand. Spökenhännes stand jetzt kerzengerade. Er warf die Schaufel über die Waggonbrüstung. Wie ein Kapitän auf seinem Äppelkahn stand er da, die Arme über der Brust verschränkt. »Sag mal, bist du völlig übergeschnappt?« fragte Jückeraff.
Aber er wartete die Antwort nicht ab. Schaufelte weiter.
»Ich spendier' für jeden einen Flachmann Korn«, sagte Spökenhännes ruhig. Wir schauten auf und wischten uns über die klammen Stirnen. Spökenhännes war noch nicht zu Ende.
»Für jeden eine Pulle Korn, wenn ihr mir zeigt, daß ihr wirklich noch'n Bizeps habt.«
Ein bißchen Feuerwasser? Nicht schlecht. War ein willkommener Bundesgenosse gegen diesen schneidenden Frostlümmel. Mal hören, was Spökenhännes vorhat. Zuhören kostet ja nichts.
»Also, watt willste?« fragte Jückeraff.
»Ich will sehen, ob ihr – na ob ihr den Waggon hier vom Nebengleis in die Weiche schieben könnt.«
»Jetzt?« fragte Jückeraff.
»Jetzt!« sagte Spökenhännes.
»Hass'n Triller unterm Cäsarschnitt!« sagte Jückeraff und beugte sich wieder über den gekrümmten Schüppenstiel.
»Hier«, sagte Spökenhännes und hielt plötzlich zwei flache Flaschen in den Händen. In den Pullen gluckste es.
»Die zwei kriegt ihr sofort, reihum«, sagte Spökenhännes.
»Und die anderen hole ich, wenn der Waggon in der Weiche steht. Brinkmann hat seine Kneipe noch auf.«
Wir schauten uns verdutzt an. So spendabel hatte sich Spökenhännes noch nie gezeigt. Gewiß, schon mal 'ne Zigarette ge-

teilt oder 'n Schluck aus der Bierpulle machen lassen. Aber gleich einen Flachmann Korn für jeden? Da war ja die Hälfte vom Akkordlohn heute nacht schon im Eimer.
Spökenhännes sah uns an. Er spürte unser Mißtrauen. »Denkt wohl, da ist Wasser drin, was? Hier, überzeugt euch!«
Spökenhännes schraubte den Verschluß von der glatten Flasche und hielt sie Czurzak hin. Der nahm sie langsam, roch am kurzen Flaschenhals, zuckte mit den breiten Nasenflügeln und nickte uns heftig zu. »Ist zum Trinken, das Zeug, Czurzak!« ermunterte ihn Spökenhännes. »Spül mal 'nen Mundvoll in den kalten Magen!«
Czurzak setzte an. Trank. Machte verzückt und mit geschickt hineingespieltem Ekel »Brrrrrrr!« und gab die Flasche an Jückeraff weiter. Jückeraff hielt den Kopf weit zurück, feuchtete erst seine Lippen mit dem Fusel an, zog die Lippen abwechselnd zwischen die Zähne und goß dann einen kräftigen Strahl in den Rachen. Schwache Proteste der anderen erst ließen ihn den handlichen Flachmann weiterreichen.
Noch bevor jeder etwas abbekommen hatte, mußte die zweite Flasche von Spökenhännes angebrochen werden. Die schon getrunken hatten, wurden munterer.
»Und du gibst uns noch fünf Pullen, wenn wir den Waggon bis da vorne in die Weichen schieben?« fragte Jückeraff.
»Fünf Pullen für die Kolonne«, nickte Spökenhännes. »Zwei habt ihr mir ja schon leergezwitschert!« –
Stimmte! Gerade versuchte Fürspell, unsrer Jüngster, noch ein paar Tropfen aus der zweiten Flasche herauszuschmatzen.
»Und du holst die Dinger, sobald der Waggon in der Weiche steht?« vergewisserte sich Jückeraff nochmal.
»So ist's«, sagte Spökenhännes. »Ich helf' euch sogar schieben.«
»Willst wohl bremsen, was?« fragte Jückeraff. »Nee, nee, mein Freundchen, die Sache erledigen wir alleine mit der Linken. Was meint ihr?«

»Klar!« Unser Ehrgeiz war angestachelt. Für fünf Minuten Mehrarbeit noch so einen kleinen Einheizer zu haben, war mit einemmal eine verlockende Aussicht.

»Also los!« Jückeraff und Czurzak sprangen vom Waggon und schaufelten das Häufchen Splitt weg, das sich vor die Räder gelegt hatte. Spökenhännes stakste zum Weichenansatz und legte mit dem Brecheisen die Schienenspitzen an den Strang.

»Und die Schultern...!« rief Jückeraff jetzt. Wir stemmten uns gegen den kalten, schwerfälligen Waggon. Der Koloß schien zu pennen. Die Anstrengung preßte noch mehr Schweiß aus unseren Körpern. Dann rollte der Waggon endlich unwillig an. Jetzt war's nicht mehr so schwer, den Bahnkarren in Bewegung zu halten. Spökenhännes half kräftig mit. Wahrhaftig, der Spinner, bremste nicht, sondern schob. Na ja, jeder muß wissen, wie er seine eigenen Wetten kaputtmacht! Als der Waggon über den Weichendreh gestuckert war, hatten wir es geschafft. Jückeraff mußte sogar noch einen Bremsschuh auf die Schiene setzen, damit der weiterrumpelnde Wagen nicht zum anderen Ende der Weiche durchrollte. Hännes schob die Weiche mit der Brechstange wieder zurück.

»So, Spökenhännes. Und nu aber wacker zu Brinkmann und die fünf Glasmännekens geholt. Haste jetzt gesehen, wo die Männer ihren Bizeps versteckt haben?«

»Jau«, sagte Spökenhännes. Der Kerl schien sich richtig zu freuen. Strahlen tat er. Ulkige Nudel. Er lief in die zerrissenen Nebelfahnen hinein, die noch übriggeblieben waren. Wir blickten ihm nach, bis er an der Stelle, wo auf der anderen Straßenseite die Säufersonne von Brinkmanns Kneipe schimmerte, durch das Loch im Zaun kroch. Und wieder flogen unsere Pannschüppen. Das Wissen um die kommenden Wärmschlucke belebte uns. Die Hälfte Splitt war schon aus dem Waggon hinausgeschöppt. Der Rest war ein Kinderspiel.

Nebengeräusche störten uns nicht. Unsere Ohren waren im Augenblick nur auf das Aneinanderklirren der fünf Kornflaschen geeicht. Daran konnte weder das Hupen eines motorisierten Nachtschwärmers, das ferne Wummern von Kirchenglocken und das prustende Vorbeistampfen des Güterzuges auf dem Nebengleis etwas ändern.
Bis sich Jückeraff auf den Splittrest im Waggon setzte. »Sagt mal, träum' ich? Oder bin ich schon von dem Schluck aus Spökenhännes seine Flasche angeschwipst? War das nicht vorhin ein Zug?«
»Na klar«, lachten wir. »Güterzug. Hasse doch gehört und gesehen.«
»Also braust ein Güterzug über das Nebengleis, von dem wir vor zehn Minuten unseren Waggon runtergeschoben haben, hä?«
Wir lachten nicht mehr, sondern ließen uns neben Jückeraff auf den Splitt fallen.
»Mensch, wo wären wir jetzt, ohne – ohne Spökenhännes«, stöhnte Czurzak. Nach der Stimme zu urteilen, war ihm gar nicht gut.
»Ist was?« fragte Spökenhännes und schob sich mit den fünf Flachmännern in den Waggon.
»Sag mal, Hännes«, fragte Jückeraff und zwang sich zur Ruhe. »Haste das gewußt?«
»Was?« fragte Spökenhännes.
»Das mit dem Zug? Das mit dem Güterzug, der fast auf uns draufgeknallt wäre, wenn wir diesen Deubelskarren nicht wegen deiner Wette...«
»Ist der Zug gekommen?« rief Spökenhännes erregt und mit einer Art mißratenem Jodler in der Stimme. »Der Güterzug mit den acht Waggons?«
»Hab' sie nicht gezählt«, sagte Jückeraff.
»Aber ich hab' den Zug gesehen. Vorher. Als ich die Augen

zumachte und nachdachte. Auf einmal sah ich ihn deutlich auf uns zupreschen.«
»Warum haste denn keinen Ton gesagt«, fragte Czurzak.
»Ihr Klugschieter habt mich ja nicht zu Wort kommen lassen. Ihr glaubt 'nem rechtschaffenen Mitarbeiter ja nicht 'nen Fetzen Talent für so was! Da hab' ich in meiner Angst gedacht: die Jungs kannste nur durch 'ne Wette rumkriegen. Risiko ist ja nicht dabei. Bloß die Flachmänner. Zwei davon hatte ich ja schon in der Jacke. Der Dockter Krapp hat sie mir zugesteckt. Für euch. In Raten, damit ihr nicht gleich an zu singen fangt. Und die anderen fünf Pullen sollte ich nach der Halbzeit bei Brinkmann abholen. Und Halbzeit war ja vorhin schon. Gleich ist die Schicht rum!«
»Hännes, komm, wir trinken Brüderschaft!« schlug Jückeraff vor. Er hatte Hännes gesagt, nicht Spökenhännes.
»Warum Brüderschaft?« fragte Hännes. »Wir duzen uns ja schon seit sechs Jahren!«
»So?« fragte Jückeraff. »Ist mir aber erst dieses Jahr Weihnachten aufgefallen...«
Da hatte zum erstenmal während des ganzen Tages und der halben Nacht einer von uns das Wort Weihnachten so ausgesprochen, daß man darüber nachdenken mußte.

Mister Larrybees Leuchtturm

Der Tag versuchte sich an der Klippe festzuhalten. Alle verbliebene Helle sammelte sich im Gischt der Brandung. Dann trieb eine Welle das letzte Weiß gegen den Strand, wo die starke Nacht schon auf der Lauer lag, es zu verschlucken. Es gelang ihr nicht ganz; die Scheinwerfer eines Motorbootes schnitten Streifen aus der Dunkelheit.
Das Boot drängte sich gegen die Klippe, aus der schlank der Leuchtturm von Skarvetange wuchs, der tote Leuchtturm.
Ein Matrose setzte mit behender Flanke über die Reling, zog das Drahtseil durch einen Stahlring. Ein zweiter schob von Bord eine schmale Gangway über die Klippe.
»Bitte, Mister Larrybee!« sagt er.
Der rundliche Mann in dem großkarierten Mantel knurrte nur: »Die Koffer.«
»Geht in Ordnung!« sagte der Matrose. »Zwei sind schon oben. Der dritte wird von Tim hinaufgebracht.«
»Na ja!« sagte Mister Larrybee und legte einen Schein in die Hand des Matrosen.
»Danke!« sagte der Matrose und schob die Banknote in die Tasche. Er hatte sie gar nicht erst angesehen. Sonderlinge geben reichliche Trinkgelder.
Vorsichtig trippelte der Großkarierte über den Laufsteg. Erst als er auf der Klippe stand, kam der zweite Matrose ebenfalls hinüber, den weinroten Lederkoffer in der Hand. »Hier Tim!« sagte er zu seinem Kameraden.
»Darf ich vorangehen, Mister Larrybee?« fragte der Matrose Tim, ließ eine Stablampe aufgrellen und übernahm mit der freien Rechten den Koffer.

»Aber nein!« wehrte Mister Larrybee ab. Er war freundlich dabei. »Hier bin ich Hausherr. Und ich zeige Ihnen den Weg.«
Der Großkarierte übernahm die Taschenlampe und ächzte die Stufen hinauf. Obgleich einige Plattformen zum Verschnaufen einluden, blieb Mister Larrybee nicht eher stehen, bis er die Stahltür mit der Aufschrift »Öllager« erreicht hatte. Der Matrose schlug die Riegel zurück. Der Strahl der Lampe tastete sich durch den Raum. Jetzt knipste Mister Larrybee den Leuchtstab aus. Er brauchte ihn nicht. Im Raum bullerte ein großer Kanonenofen. Tim hatte die obere Klappe geöffnet und so den kajütenartigen Raum mit einem wohligen Rot erhellt.
Für Minuten stand Mister Larrybee wie gebannt. Er ließ seine Blicke vom Klubsessel über den schafwollenen Teppich, vom Bücherregal auf die Konservendosen, von den Rumflaschen auf das Klappbett gleiten.
»Wir haben den Ofen schon vor einer Stunde angemacht, als wir die beiden Koffer heraufbrachten. Die anderen Dinge, der Teppich und so, die sind schon seit zwei Wochen hier. Wie Sie es haben wollten. Alles nach der Skizze gestellt. Ist's so recht?«
»Ja«, sagte Mister Larrybee.
»Und Sie wollen wirklich niemanden bei sich haben?«
»Nein!«
»Alles selbst machen, kochen und...?«
»Ja!«
»Na, dann...!« stotterte der Matrose, »dann holen wir Sie am Tage nach Neujahr wieder ab, wie Sie gesagt haben!«
»Gut«, sagte Mister Larrybee.
Der Matrose Tim wollte noch etwas sagen, aber er schluckte es hinunter, zuckte mit den Schultern und sagte, so laut er es vermochte – und er vermochte es sehr laut – : »Fröhliche Weihnachten!«
»Ja, fröhliche Weihnachten«, sagte Mister Larrybee trocken.

Rückwärts ging der Matrose aus dem Raum. Erst draußen wagte er es, mit dem Kopf zu schütteln. MisterLarrybee stand noch so lange unbeweglich, bis das Motorboottuckern nicht mehr zu ihm heraufdrang. Dann ließ er sich schwer in den Klubsessel vor dem wütenden Kanonenofen fallen, öffnete den Kragen und sagte mit behaglichem Stöhnen: »Endlich!«
Wenn man es recht betrachtete, hatte Mister Larrybee sich den Leuchtturm bei Skarvetange nur wegen der fünfhundert Weihnachtskarten gekauft. Dabei muß man wissen, daß dieses halbe Tausend Grußkarten bereits aus dem sechsfachen Wust von drei Sekretärinnen ausgesiebt wurde.
In diesem Berg, den Mister Larrybee nie zu Gesicht bekam, verblieb alles Gedruckte, und war es auch mit Goldbuchstaben auf handgeschöpftes Büttenpapier gepreßt.
Dennoch: mit unheimlicher Beständigkeit blieben allweihnachtlich etwa fünfhundert Karten, Briefe und Bilderbücher übrig, die handgeschrieben waren. Die Universität Boston, Massachusetts, entbot beispielsweise ihrem hochherzigen Stifter zum diesjährigen Weihnachtsfest die untertänigsten Wünsche, zu Papier gebracht vom Dekan, Prof. Grandteeth, Ph.D.,M.S.L.–Oder aus dem großen Kreis der Neffen und Nichten kamen Briefe wie dieser:
»Hallo, Onkel, altes Huhn! Ich wünsche dir zwanzig Pfund Gewichtsabnahme zum Fest und mir einen Scheck von mindestens vierhundert Eiern (bin in Druck!). Dein Dich liebender Neffe Charly!«
Oder – in parfümiertem Umschlag: »Deine alte Jugendliebe Olga in Shentenham denkt immer an Dich! Mit gleicher Post ein gehäkeltes Stuhlkissen!«
Die Sekretärinnen konnten nicht umhin, derartige Grüße, Wünsche und Bitten für Mister Timothee Larrybee zu bündeln und sie ihm am Morgen und Mittag des Vorweihnachts-

tages auszuhändigen: sieben dicke Ledermappen voller Egozentrik, mit Bumeranggrüßen – so nannte sie Timothee Larrybee–, die nicht viel anders hießen als »Ich bin noch da!«
Außer der zeitlichen Last persönlicher Beantwortung – Namenszug unter Scheck zumeist – ärgert den Herrn der »Brackley-Rubber« vor allem die Zumutung des Kitsches: Engelchen in puddingsüßem Rosa, schnapsnäsige Weihnachtsmänner und Tannenbäume in Leuchtfarbe. Und als in diesem Jahr der erste Reklamespruch sich auf Weihnachten bezog – das geschah schon Anfang Oktober –, wußte Mister Larrybee mit einemmal, daß er an diesem Fest der Welt den Rücken kehren würde. Nein, nicht etwa durch Selbstmord, sondern durch Flucht. Er hatte in einem Prospekt der Cunningham-Immobilien gelesen, daß zwei Leuchttürme an der Nordküste im September außer Dienst gestellt würden und zum Verkauf freistünden. Feuerschiffe und Radargeräte hatten die alten Steinriesen für die Seefahrt überflüssig gemacht.
Ein Anruf Mister Larrybees bei den Maklern genügte, um sich den einsamsten Turm bei Skarvetange zu sichern.
Mister Larrybee war sogar bereit, sein Angebot beträchtlich zu zu erhöhen, als ihm mitgeteilt wurde, daß er in Konkurrenz mit einem Hotelier stand. Zwei Tage später lag in Larrybees Safe die Kaufurkunde. Alles andere war rasch erledigt.
Im Oktober ließ sich Mister Larrybee nach Skarvetange bringen, das Öllager ausräumen und es nach seiner Skizze wohnlich machen. So wenig wie möglich sollte moderne Maschinerie in den toten Leuchtturm Einzug halten: keine Zentralheizung, kein Radio, kein Telefon. Mister Larrybee wollte zu Weihnachten allein sein. Er wollte zu sich selbst kommen.
Die beiden letzten Abwicklungsgeschäfte erledigte er vor fünf Tagen. Es gingen einige tausend Karten in Druck: »Bedaure sehr, nicht persönlich auf Ihre Grüße eingehen zu können. Bin

erst Anfang nächsten Jahres wieder im Lande. Wichtige Punkte Ihres Briefes hoffe ich im Laufe der nächsten Monate erledigen zu können. Gezeichnet: Timothee Larrybee, Brackley-Rubber!«
Und dann legte er eine Blockflöte in einen Koffer und einen Packen Noten. Außerdem eine Reihe von Büchern, die er schon seit Jahrzehnten lesen wollte. Hinzu kamen zwei Kisten jener Zigarren, die der Arzt ihm verboten hatte, weil sie zu schwer, schwarz und naß waren.

Von einer dieser Zigarren entfernte Mister Larrybee jetzt die Zellophanhülle, setzte den Abschneider an das Mundstück und drückte zu. Er hielt einen Fidibus ins Ofenfeuer und zündete die Brasil sehr langsam an.
Als herber, kräftiger Duft im Raum steht, füllt Mister Larrybee Kohlen nach und stellt den Aluminiumtopf auf die glühende Platte des Kanonenofens.
»Was ist das nun, Weihnachten?« fragt sich Mister Larrybee laut. »Vielleicht war es durch Karten, die ich zu schreiben hatte, in den letzten Jahre verschüttet worden.« Und er denkt, weil er sich schämt, es laut zu sagen: »Vielleicht kommt etwas von jenem Weihnachten bei uns zurück, wenn ich auf meiner alten Blockflöte spiele?«
Mister Larrybee legt die Zigarre behutsam auf einen Kohlebrocken und läßt die Schlösser des Koffers bei dem Stapel Konservendosen aufschnacken. Dann rückt er mit der braunen Flöte wieder vor das Fenster.
Als das alte Lied unter seinem Mund und den Fingern ersteht, überall hinklettert – in die Taschen des großkarierten Mantels an der Wand, in das Feuer und in des Mannes Ohren –, setzt Mister Larrybee die Flöte ab. Er spürt, daß jetzt keine Freude bei ihm ist, sondern Wehmut. »Das kann doch nicht Weih-

nachten sein?« denkt Mister Larrybee, nimmt die Zigarre, deren weiße Asche mehr geworden ist, von der Kohle herunter und legt statt dessen die Flöte dort hinauf.
Seine Hand tastet sich zu einer der Rumflaschen, als ihn ein Ruf zurückfahren läßt:
»Old Bernhard, frohe, gnadenreiche Weihnacht!«
Mehrere Männer müssen es von draußen gerufen haben, im Chor. »Old Bernhard? So heiße ich doch gar nicht«, fällt es Mister Larrybee erst jetzt ein. »Ob die Matrosen zurückgekehrt sind und sich einen Spaß mit mir machen wollen? Da soll doch der...«
»Old Bernhard, gesegnetes Fest, du bis de Best!«
Mister Larrybee nimmt die Taschenlampe und eilt die Treppe hinunter, so schnell, daß ihm von den ständigen Drehungen ein wenig schwindelt. Aber die sternklare Nacht, in deren Mitte er mit einemmal steht, bringt wieder Schärfe und Wachheit in sein Hirn. Timothee Larrybee sieht: drei Männer in dicken Mänteln. Zwei ziehen soeben ein Ruderboot auf die Klippe. Der dritte leuchtet ihnen mit einer Sturmlaterne. Jetzt kommen alle drei auf Mister Larrybee zu.
»Na, Old Bernhard!« lacht der mit der Laterne. »Ist doch frischer heut nacht als im vorigen Jahr. Aber wir haben das Buch, und du hast den Grog, alte Haut! Das wird uns – hallo, ist gar nicht Old Bernhard!«
Verblüffung, ja Enttäuschung steht kalt zwischen den Männern, den dreien am Boot und dem vor dem Leuchtturm.
»Ist was passiert?« fragt jetzt einer, der ein Paket unter dem Arm geklemmt trägt. »Wir wundern uns schon, daß das Leuchtfeuer nicht brannte. Aber da das Öl knapp ist, dachten wir, das sei die Ursache. Ist etwas mit – mit – Old Berhard?«
»Ich weiß nicht!« sagte Mister Larrybee. »Der Turm ist auf den Seekarten gelöscht. Ich habe ihn gekauft.«

»Dann ist Old Bernhard in Hursdulb bei seinem Sohn!« sagt der Mann mit der Laterne, und alle drei atmen auf, nein, alle vier, denn auch Mister Larrybee war erschrocken. »Wir gehen wieder«, sagt der Mann mit dem Paket und dreht sich zum Boot.
»Ich lade Sie ein zu - zu einem Grog!« sagt Mister Larrybee schnell. »Old Bernhard hätte Ihnen gewiß auch einen gegeben, nicht wahr?«
»Tja, das hat er getan. Jedes Jahr. Aber ob Sie -?«
»Larrybee heiße ich. Timothee Larrybee. Bitte, seien Sie meine Gäste!«
»Jack«, stellt sich der mit der Laterne vor.
»Zachary«, sagt der mit dem Paket.
»Bill«, der dritte.
Die Gäste sind nicht sehr überrascht, als Timothee Larrybee sie in die neu eingerichtete Ölkammer führt.
»Büschen verändert!« sagt Zachary mit dem Paket, und die drei setzen sich in den dicken Teppich aus Schafwolle.
»Dann wollen wir mal!«
»Sofort!« sagt Timothee Larrybee und geht zum Ofen, auf dem sich der Topf leise regt.
»Meinte ich nicht!« ruft Zachary den Gastgeber zurück. »Kommt nachher! Erst das andere.«
Gehorsam kommt Timothee Larrybee zurück und setzt sich ebenfalls auf den Teppich. Er sieht nun, daß es kein Paket ist unter dem Arm Zacharys, sondern ein Buch. Zachary schlägt es an einer Stelle, die durch einen dicken, roten Wollfaden bezeichnet ist, langsam auf und liest: »In jenen Tagen erging ein Erlaß des Kaisers Augustus, das ganze Land sei aufzunehmen. Dies war die erste Aufzeichnung, die unter Cyrinus, dem Stadthalter von Syrien, stattfand. Alle gingen hin, sich aufzeichnen zu lassen, ein jeglicher in seiner Vaterstadt. Auch Joseph begab sich . . . !«

»Ich hatte es vergessen«, denkt Timothee Larrybee und ist traurig. Nicht traurig über die Stunden, sondern über die letzten zwei Jahrzehnte, in denen er nicht mehr an dieses Buch, nicht mehr an dieses Kapitel gedacht hat.

›Ich habe nicht mehr gewußt, was Weihnachten ist‹, denkt Timothee Larrybee. ›Die bunten Karten hätten mir nichts anhaben können, wenn ich es gewußt hätte. Diese Flucht in den Leuchtturm wäre eine Sackgasse gewesen ohne Zachary mit dem Buch und Jack mit dem ruhigen Licht und Bill mit dem Lächeln im bärtigen Gesicht.‹ Und Timothee Larrybee hört weiter:

»In derselben Gegend waren Hirten auf dem freien Felde; sie hielten nachts Wache bei ihrer Herde. Da stand der Engel des Herrn vor ihnen, und die Herrlichkeit Gottes umstrahlte sie, und sie fürchteten sich sehr. Der Engel aber sprach zu ihnen: ›Fürchtet euch nicht. Seht, ich verkünde euch eine große Freude, die allem Volke zuteil wird.
Heute ist euch in der Stadt Davids der Heiland geboren, Christus, der Herr...‹«

Timothee Larrybee denkt: ›Heute. Das ist es. Ich hatte geglaubt, es sei schon zweitausend Jahre her. Darum hatte ich solche Furcht.‹

»... Die Hirten kehrten heim und lobten und priesen Gott über alles, was sie vernommen und gesehen hatten, so wie es ihnen gesagt worden war.«

Lange schweigt Timothee. Dann sagt er: »Habt ihr jedes Jahr mit Old Bernhard diese Worte gelesen?«

»Ja!« sagt Jack. »Dann hatte er wieder die Kraft, ein ganzes Jahr allein hier zu sein, allein auf diesem Turm. Allein mit sich, den winzigen Silhouetten der Schiffe am Horizont. Allein mit diesem Buch.«

»Ein ganzes Jahr«, wiederholt Timothee Larrybee leise.

»Ein ganzes Jahr Kraft. Das ist tief. Lies es bitte noch einmal, Zachary, das, was der Engel zu den Hirten sagt!«
»Fürchtet euch nicht...!«
Timothee Larrybee steht vom Teppich auf. »Bleibt bei mir«, sagt er, »so lange ihr könnt!«
»Den Weihnachtstag noch«, ist Jack einverstanden.
Timothee Larrybee geht zu der Zigarrenkiste. Als er seinen neuen Freunden anbietet, nehmen sie jeder eine Zigarre, zerschneiden sie mit ihren Taschenmessern säuberlich und pressen den Tabak in ihre Pfeifen. Auf dem Kanonenofen ruft das kochende Wasser.

Als Juanita fort war

Ilse Velbert fühlte sich rundum wohl. Außen und innen. Vor einer Viertelstunde war Juanita gegangen. Juanita, so hieß ihre Klassenkameradin. Ihr Vater ist Gastarbeiter beim Städtischen Fuhrpark. Genauer: bei der Müllabfuhr. Und da Ilse gelesen hatte, daß man Weihnachten lieb zueinander sein soll, hatte sie zur Bescherung am Heiligen Abend Juanita eingeladen.
Ilse Velbert hatte mit Geschenken nicht gespart. Vielmehr ihre Eltern nicht, denn die mußten die Geschenke schließlich bezahlen. Juanita hatte bekommen: ein Paar Pelzhandschuhe, einen Füllfederhalter mit eingraviertem Namen, Rollschuhe und eine Tüte mit Spekulatius, Schokoladebonbons und Pfeffernüsse. Und Juanita hatte sich über die Geschenke gefreut. Man konnte es ihrem Gesicht ansehen. Und beim Nachhausegehen hat Juanita die Pelzhandschuhe gleich angezogen.
Ilse hatte der Klassenkameradin noch lange nachgewinkt. Und dann begann sie zu frieren und hatte die Haustür schnell zugemacht und war zu ihrem eigenen Gabentisch zurückgekehrt: ein Paar Stiefel aus Seehundsfell, ein Mantel mit Pelzbesatz, rubinrote Ohrringe, ein Buch über die Tierwelt in der Serengeti und ein Heimkino mit zehn Trickfilmen.
Ilse sah zufrieden aus. Sie sah so zufrieden aus, daß ihr Bruder Piet ihr diese Zufriedenheit etwas vermiesen wollte.
»Du siehst aus, als hättest du ein gewaltiges Werk getan!« sagte Piet.
»Hab' ich das nicht?« fragte Ilse. »Schließlich habe ich als einzige in der Klasse Juanita eingeladen und ihr...«
Piet winkte ab. »Jajaja! Du hast Juanita eingeladen. Zu Weih-

nachten! Aber – an den übrigen dreihundertvierundsechzig Tagen im Jahr hab' ich Juanita noch nie bei uns gesehen!«
Ilse wurde ärgerlich. Sie zögerte nicht lange, es ihrem Bruder heimzuzahlen:
»Ausgerechnet du mußt mir das vorwerfen! Wen hast du denn zu Weihnachten eingeladen, du edelmütiger Knilch? Überhaupt keinen!«
»Stimmt«, sagt Piet. »Weil ich mich schäme, ausgerechnet in der Weihnachtszeit jemand in unsere Bude zu lotsen und für eine Stunde das gute Herz zu spielen und mich dann nicht mehr um den anderen zu kümmern.«
»Also tust du überhaupt nichts für Gastarbeiterkinder? Ihr habt doch auch einen in der Klasse!«
»Drei haben wir in der Klasse«, stellte Piet mit Gelassenheit richtig. »Rodolfo, Beatrice und Titomanlio – «
»Sogar drei! Wenn du wenigstens für einen davon einen Finger krumm machen würdest...«
»Finger krumm machen ist gut!« sagte Piet und kicherte aus dem Rachen heraus wie Ernie aus der Sesamstraße.
»Das mach' ich nämlich...«
»Nööööö!« sagte Ilse erstaunt.
»Jööööö!« sagte Piet. »Ich übe mit Rodolfo deutsch schreiben und sprechen, zweimal in der Woche.«
»Ich hab' ihn aber noch nie hier gesehen...«
»Rodolfo war schon ein paarmal hier. Du warst zufällig nicht da. Aber meistens geh' ich zu ihm. Hier wird er nämlich immerzu gefragt: ›Ach, wieviel Grad im Schatten ist es denn jetzt bei euch in Sizilien? – Kannst du uns nicht verraten, wie man eine Pizza Bolognese macht?‹ Und solchen Kram.«
»Sag mal: hilft es denn überhaupt? Ich meine, so'n bißchen Nachhilfestunde? – Spricht Rodolfo denn besser, nachdem du...«

»Besser vielleicht nicht«, sagte Piet. »Aber leichter.«
»Leichter?«
»Er hat nicht mehr so eine große Scheu wie früher.«
»Wann gehst du denn nächstes Mal zu Rodolfo?« fragte Ilse.
»Jetzt«, sagte Piet, »Rodolfos Familie hat mich eingeladen. Rodolfos Vater hat gesagt: ›Wer das ganze Jahr mit uns zusammen ist, der darf auch an diesem besonderen Abend nicht an unserem Tisch fehlen!‹ «
»Kann ich mitkommen?« fragte Ilse.
»Zu Rodolfo?« fragte Piet.
»Ja« sagte Ilse.
»Wie ich Rodolfos Familie kenne, wird niemand etwas dagegen haben«, sagte Piet. »Aber ich mache dir einen besseren Vorschlag.«
»Welchen?« fragte Ilse.
»Wie wär's mit einem Besuch bei Juanita?«

Am Kai der sterbenden Dschunken

Der Taifun war schnell. Aber er nahm Umwege. Er raste von Tungalun die zerlappte Küste entlang nach Südwesten, sprang bei Chaoan jäh ins Inland, tötete drei Fischer und eine Gewürzverkäuferin auf dem Perkiang-Fluß, zwang die Reisbauern von Yingtak im Schrecken zu Gebeten, die zu vergessen die Regierung schon vor Jahren dringend empfohlen hatte, und kehrte nach wirbliger Drehung bei Huyan über die Namhoi-Ebene zur Küste zurück. Hier – von Chungshan aus – verringerte der Taifun seine Geschwindigkeit und näherte sich dem Kai der sterbenden Dschunken.
Das faulende Schiffsholz hinter der Mole zitterte, als der Taifun seine Vorboten schickte: grauweiße Wellenfäuste, die sich im Hafenbecken plötzlich von unten her aus dem grünen Wasser stemmten und schaumig zersprühten.
»Bald wird er da sein«, flüsterte Hoa Sung. Sie preßte ihren gekrümmten Rücken gegen die feuchten, schimmelnden Planken der Dschunken und murmelte Sätze, die von der Angst zur Unverständlichkeit zerrieben wurden.
»Ruhig, Mutter«, sagte Lee Kee, ihr Ältester.
»Diesmal wird der Taifun unser Boot greifen und zerdrücken«, sagte Hoa Sung. Sie nickte heftig mit dem Kopf.
»Der Taifun wird über unsere Dschunke hinwegspringen. So hat er es bisher immer gemacht. Unser Boot ist ärmlich. Der Taifun sucht sich bessere Beute.«
Lee Kee träufelte das Wachs der brennenden Kerze über ein Knäuel öliger Putzwolle, die er bei den Docks gefunden hatte. Bevor das Wachs wieder erkaltete, schob er kleine Bäusche der wachsübertropften Wolle mit dem ausgezackten Deckel einer

Konservendose in die Plankenritzen unmittelbar über der Wasserlinie.
»Laß mich auch, Lee Kee«, bat Luk, der Jüngste. Er war durch das Sprechen der Mutter und des Bruders aufgewacht.
»Bleib liegen«, sagte Lee Kee. »Nein, besser: zieh dich an und geh mit Mutter in die Squatter-Höhle. Dort seid ihr 'sicher.«
»Und unsere Dschunke?« fragte Hoa Sung.
»Ich hüte sie«, sagte Lee Kee.
»Einer allein kann es nicht, mein Junge«, sagte Hoa Sung. »Du weißt, als Vater noch lebte, haben wir die Dschunke zu dritt eben noch vor dem Kentern bewahren können. Wenn das Boot zugrunde geht, dann haben wir kein Zuhause mehr.«
»Ich schau' jetzt nach dem Anker«, sagte Lee Kee und stieg die Sprossen der alten Strickleiter hoch. Er wollte Zeit zum Nachdenken haben. Auch den Anker nachsehen, ja. Aber Anker, was war das hier?
Lee Kee lachte bitter und unhörbar. Anker, das war bei ihrer Dschunke ein mit Beton ausgegossenes Teerfaß, in das eine Trosse eingebacken war. Der Betonklotz lag auf dem Hafengrund, das Ende der Trosse war am Mast vertäut. Ein billiger Anker. Ein Anker, den man nur kappen, aber nicht hieven konnte. Für die Dschunken, die an diesem Kai lagen, gab es keine Ausfahrt mehr. Ihre tabakbraunen Drachensegel waren schon vor Jahrzehnten über Bord gegangen oder zu Fußlappen verschnitten worden. Jetzt saugten die Dschunken ihre fasrigen Planken Jahr um Jahr mit brackigem Wasser voll und warteten auf das Absacken wie Hütten auf den Zerfall.
Hütten, dachte Lee Kee. Das ist das richtige Wort. Hütten für Verjagte.
Der Junge ließ seinen Blick unruhig über die nackten Masten und das zerrissene Gespinst der Takelage schweifen. Hütten im modrigen Dschungel, dachte Lee Kee.

Der Nachthimmel tränkte sich mit einem schmutzigen Gelb, vor dem die Umrisse der Dschunken scharf abstachen. Die Schaumköpfe vermehrten sich.
Von einigen Booten lösten sich kleine Menschengruppen: Mütter mit Säuglingen im Rückentuch. Kinder, die unförmige Bündel schleppten. Greise, die mühsam humpelten. Sie wollen in die Squatter-Höhle, dachte Lee Kee. Er zurrte prüfend an der Trosse. Noch war sie hart gespannt. Doch Lee Kee fühlte die rostigen Scharten, die geplatzten Adern in den Drahtsträngen. Ein Spielzeug, dachte Lee Kee. Ein Spielzeug für den Taifun. Gesang von der Nachbardschunke. Lee Kee horchte auf. Jetzt Gesang? Zwischen Mitternacht und der ersten Stunde des Tages? War der alte Fu Yon betrunken?
Aber nein, Fu Yon trank weder Reiswein noch das scharfe gelbe Zeug, das hier im Hafen von Bord der Handelsschiffe gebracht wurde; viele Flaschen mit der Zoll-Banderole, und viele ohne. Der Schmuggel hatte hier viele Quartiere.
Lee Kee verstand die Worte des Liedes, das Fu Yon sang. Es handelte von der Geburt eines Gottes, der in einer abgelegenen Viehhütte zur Welt gekommen war. Lee Kee erinnerte sich: Fu Yon und seine Familie waren Christen. Und in dieser Nacht, dieser gelben Taifunnacht, feierten die Christen ein hohes Fest. Wie hatte Vater früher gesagt? Er konnte nicht begreifen, warum Fu Yon Christ geworden war. Vorteile hatte er davon nicht. Die Frauen mit den weißen Hauben und den Kreuzen aus Olivenholz am Gürtelstrick brachten Nahrung zu jedem, der hier am Kai hungerte, und Verbandszeug und Medizin zu denen, die verletzt und krank waren, gleichgültig, ob sie sich zu Buddha, Mohammed oder Christus bekannten.
Lee Kee dachte: Es ist gut, daß der Christengott heute ein Fest hat. Sicher wird er dann die Familie Fu Yon vor Schaden bewahren. Und wenn die Nachbardschunke unversehrt bleibt, wird auch unser Boot den Taifun überstehen.

Ein Scheinwerferstrahl traf den Jungen so plötzlich, daß er taumelte.
»Hallo, kleiner Käptn!« rief eine tiefe, kräftige Stimme vom Wasser her. »Du mußt von Bord! Der Taifun kommt!«
Der Scheinwerferkegel glitt von Lee Kees Körper ab und tänzelte über das unruhige Wasser. Jetzt erkannte der Junge das weiße Polizeiboot. Es schob sich schlank, vom Rücklauf der Schrauben gezügelt, durch die Reihen der grauen Dschunken.
»Ist außer dir noch jemand auf dem Schiff?« fragt die Stimme des Hafenpolizisten jetzt durch das Megaphon.
»Meine Mutter und mein Bruder«, sagte Lee Kee.
»Sie müssen mit dir das Hafengelände verlassen! Der Taifun ist diesmal besonders wild. Er hat auf seinem Weg schon ein ganzes Dorf zerstört! Alle Dschunkenbewohner sind in unmittelbarer Bedrohung für Leib und Leben und müssen von den Booten herunter! Anordnung vom Gouverneur. In den Squatterhöhlen sind Notlager vorbereitet. Auch wird dort Essen verteilt!«
Lee Kee konnte den Offizier auf der Kommandobrücke des Polizeibootes jetzt deutlich sehen. Der Mann trug eine flache Mütze, einen Gummimantel mit darübergeschnalltem Pistolengurt und kurze Hosen; seine behaarten Beine waren von den Knien bis zu den Halbschuhen zu sehen.
»Gut so!« rief der Offizier jetzt. Lee Kee sah, wie Luk und Mutter mit dem eingerollten Bettsack von Bord kletterten.
»Ihr seid vernünftig«, lobte der Polizeioffizier. »Lauft, so schnell ihr könnt, damit der Taifun euch unterwegs nicht einholt. Wir kontrollieren gleich, ob alle weg sind. Full speed ahead! In freies Wasser!«
Der letzte Befehl galt schon nicht mehr Lee Kee und seinen Angehörigen, sondern dem Maschinenraum des Polizeiboots.
»Ob die Chinesen wirklich von Bord gehen?« fragte O'Reavy.

Er war knapp über zwanzig Jahre alt, Zweiter Offizier und neu auf diesem Fernost-Posten.
Der Commander zuckte die Achseln. Für einen Augenblick glänzten die Litzen und Sterne auf seinen Schulterstücken.
»Ein paar, die an ihren Dschunken mehr hängen als am Leben, bleiben bei jeder Taifunwarnung in den Booten.«
»Hatten Sie in diesem Distrikt schon einmal Todesfälle, bei Taifun?«
»Bei Taifun? Jedesmal. Wissen Sie, O'Reavy, diese Dschunken sind so morsch, daß manchmal die eine oder andere bei ruhigstem Wasser, bei hellstem Sonnenschein versinkt. Diese Dschunken sterben an Altersschwäche. Wie die Menschen, die vergreist sind. Und wenn der Taifun sich diesen Dschunkenfriedhof als Zielgebiet aussucht – dann gute Nacht!«
»Dann ist es also sehr richtig vom Gouverneur, daß er die Chinesen bei Taifunwarnung von den Dschunken treiben läßt.«
»Trotzdem macht es keinen Spaß, die Dschunkenbewohner zu verjagen«, sagte der Commander, als das Polizeiboot sich wieder in offenes Wasser manövriert hatte und mit voller Kraft den freien Teil des riesigen Hafenbeckens diagonal durchschnitt. »Diese brüchigen Dschunken sind die Häuser der Leute, und die paar Quadratmeter schmutziges Hafenwasser darunter ihre Grundstücke. Ich weiß noch, wie diese Menschen damals hierher kamen, vor zehn, zwanzig Jahren. Die Flüchtlinge hatten kaum mehr mitgebracht als ihre Dschunken, mit denen sie nachts von der See her heimlich in den Hafen ruderten. Ihre Dschunken waren ihre ganze Hoffnung. Hoffnung auf Arbeit, auf Fischfang, auf kleine Ladungsaufträge. Aber in dieser übervölkerten Menschenfalle gab es keine Arbeit. Jedenfalls nicht für die Spätgekommenen, für die Zuspätgekommenen. Wir mußten die Dschunken der Flüchtlinge in diesen Wartesaal aus Wasser und Beton einweisen, wo die Boote nun

schon seit Jahren modern und die Menschen mit ihnen. Sie warten und warten, und wenn ein Taifun kommt, dann klammern sie sich an die vergammelten Planken. Nicht um *ihr* Leben zu retten, sondern das ihrer Dschunken. Verstehen Sie das, O'Reavy?«
O'Reavy blickte in das verkniffene Gesicht des Commanders. »Ich versuch's«, sagte er.
»Mieser Auftrag«, sagte der Commander. Er wurde leiser. »Ausgerechnet in der Weihnachtsnacht. Wo's doch friedlich zugehen könnte. Aber wenn die Menschen mal vernünftig sind und wenigstens für ein paar Tage die Knarre in die Ecke stellen, dann fegt aus irgendeinem Erdwinkel so ein – so ein Wind heran, der unterwegs die Tollwut kriegt und sich zum Taifun mausert – !«
Der Funker reichte dem Kommandanten einen Papierstreifen. Der Commander hielt die Meldung ins Punktlicht. »Allright, wird ernst. Sofort in den Windschatten des Kreuzers abdrehen. Der Taifun braucht nur noch über den Berg zu flanken, dann hat er uns am Kragen – !«
Der Taifun donnerte mit der Wucht einer Gesteinslawine die Gebirgsschräge herunter. Er traf das Hafengebiet genau um Null Uhr 38 Minuten 22 Sekunden; registriert durch die Wetterwarte am Peak Kam Tim.
Zunächst brach der Taifun einen Öltanker aus dem Trockendock und havarierte ihn bis zur Schrottreife. Dann schleuderte er das Polizeiboot mit dem Heck mittschiffs gegen den Panzerkreuzer Ihrer Majestät. Der Zweite Offizier O'Reavy erhielt eine Gehirnerschütterung und eine Fleischwunde im Oberarm, als er gegen den Stahlrahmen und das Plexiglas der Windschutzscheibe geschleudert wurde. Auf diese rauhe Art hatte der Taifun einen bemerkenswerten Dialog abgeknickt. Der Commander hatte nämlich gesagt: »Wissen Sie, O'Reavy, die

lauen Christen kommen mir vor wie Hafenarbeiter, die nicht organisiert sind und doch alles wie selbstverständlich einheimsen, was die anderen mit Demonstrationen und Streiks erkämpfen.«
»Wie meinen Sie das bitte, Commander?«
»Na ja, das ganze Jahr hindurch kümmern sich diese christlichen Mitläufer keine Spur um ihren Herrgott, aber das Weihnachtsfest, das wollen sie kräftig mitfeiern. Ist doch unfair!«
O'Reavy, einer der besten Sprecher seines Jahrgangs in der Seeoffiziersschule, gab zu bedenken: »Vielleicht gibt es in der Gewerkschaft Gottes gar keine Organisierten oder Nichtorganisierten, keine Streikposten und keine Streikbrecher, sondern nur Mitläu – !« Es erwischte O'Reavy mitten im Satz. Der Taifun sprang vom Polizeiboot auf das Restaurationsschiff »Goldenes Reisstroh« und von dort aus in den Garten der Gouverneursvilla, wo er eine Palmengruppe aus dem angeschütteten Humus riß und sie einige hundert Fuß weiter auf das Dach der Leibwachen-Unterkunft warf.
Am Kai der sterbenden Dschunken eilte der Taifun zunächst vorbei. Dann kam er zögernd zurück.
Lee Kee hatte seine Mutter und den kleinen Luk zur Squatter-Höhle gebracht. Dann lief er, ohne ein Wort der Erklärung, in die Unterstadt und durch sie hindurch zum Hafen. Es schien, als habe sich die Nacht verdoppelt, die Finsternis komprimiert. Ein sprödes Summen lag in der Luft. Ein Summen, das ununschlüssig war und sich offenbar noch nicht für eine bestimmte Tonlage entscheiden konnte.
Das Wasser, auch das gezähmte Wasser hinter der Mole, war jetzt nicht mehr von einzelnen Schaumköpfen durchsetzt. Es schien schaumig bis zum Grund.
Lee Kee sprang auf die Decksplanken. Er sah, wie Fu Yon – der Christ ist also auch geblieben, dachte Lee Kee – mehrere zer-

schabte alte Autoreifen außenbords zwischen den Beton der der Mole und seine Dschunke brachte.

»Willst du auch Autoreifen, Lee Kee?« fragte der Alte. »Sie schützen den Leib deines Bootes!« Fu Yon schrie die Worte heraus. Es mußte das anhaltende Jaulen übertönen, das aus dem Summen geworden war.

Lee Kee gab ein zustimmendes Handzeichen. Fu Yon warf die Reifen, deren Profile bis zum Leinengewebe zerschlissen waren, mit Mühe nacheinander über die niedrige Bordwand. Lee Kee zurrte die abgewetzten Kautschukmäntel fest. Er mußte sich dabei bücken und vom Wind wegdrehen, um atmen zu können. Die tobende Luft preßte sich wie ein hartes Kissen gegen sein Gesicht.

Dann sah Lee Kee, wie der Bug seiner Dschunke sich unwillig aus dem Wasser hob, so hoch, daß der Kiel die Molenkante berührte. Dann ließ der Taifun die Dschunke jäh fallen. Sie fiel aber nicht ins Wasser zurück, sondern krachte auf das flache Heck des Fu-Yon-Bootes, das sofort unter Wasser gedrückt wurde.

Der Junge hörte das Splittern des mürben Holzes nur gedämpft. Er war ins Wasser gestürzt und mußte sich anstrengen, wieder an die Oberfläche zu gelangen, weil ein Wirbel ihn auf den Hafengrund zu ziehen drohte.

Als Lee Kee endlich mit dem Kopf über dem Wasser war, entdeckte er Fu Yon. Der alte Mann war vom Zusammenprall der beiden Dschunken ebenfalls von Deck geschleudert worden. Jetzt stieß er in Todesnot heisere Rufe aus, die mit gurgelnden Lauten vermischt waren: Fu Yon konnte nicht schwimmen. Lee Kee arbeitete sich an den Alten heran, griff ihm mit beiden Händen unter den weißen Bart und zog ihn zur rostigen Eisenleiter an der Mole. Fu Yong wog nicht viel. Dennoch fiel es dem erschöpften Jungen schwer, den alten Mann so weit aus dem

wilden Wasser heraufzudrücken, daß Fu Yon die unterste Sprosse der Leiter greifen konnte.
Mehrmals warfen die kurzen, schroffen Wellen Lee Kee gegen die Betonwand. Der Junge sah deutlich die Stellen, wo die Verschalbretter geklebt hatten und Betonmasse klumpig durchgequollen war. Einmal schürfte ihm ein scharfkantiger Vorsprung eine blutige Schrunde quer über die Brust.
Dann lagen Fu Yon und Kee Lee keuchend nebeneinander auf dem regengepeitschten Kai. Sie blickten auf ihre Dschunken. Der Taifun hatte die Boote wieder voneinander losgerissen. Fu Yons Dschunke neigte sich träge seitwärts, eine Bordwand lag schon unter dem Wasserspiegel. Das Boot Lee Kees hielt sich. Am Heck war eine Planke unter dem Druck herausgesprungen, aber da das Heck hoch über Wasser stand, gab es keine unmittelbare Gefahr für das Schiff.
Fu Yon weinte. Es war schlimm für Lee Kee, den alten Mann weinen zu sehen. Sein Christengott hatte ihm nicht geholfen an diesem seinem großen Fest. Aber vielleicht hatte der Gott heute noch anderswo zu helfen? Dringender?
Lee Kee dachte: jedenfalls ist meine Dschunke gerettet. Jetzt konnte das Leben weitergehen, wie bisher.
Weitergehen? Wie bisher? Also Weiterwarten statt Weiterleben. Lee Kee erinnerte sich an den Vater. Er hatte der Familie versprochen: »Eines Tages zerschlage ich die Dschunke mit der Axt. Dann sind wir frei. Dann ist unser dunkler Käfig gesprengt.«
Hier brauche ich keine Axt mehr, dachte Lee Kee. »Du kannst unsere Dschunke haben, Fu Yon!« rief er dem Alten zu. »Wir schenken sie dir. Von morgen an arbeite ich in der Stadt!«
Lee Kee hatte Angst, daß Fu Yon etwas täte, was beide verlegen machen müßte: auf die Knie fallen, dem Jungen die Hand küssen, Dank stammeln.

Darum lief Lee Kee weg, in die Stadt hinein.
Der Taifun wurde müde. In den Warnmeldungen der Radiostationen hatte er inzwischen den Namen »Herodes« bekommen, womit ein findiger Meteorologe zwar eine weihnachtliche Gedankenverbindung geschaffen hatte, gleichzeitig aber auch vom Brauch abgekommen war, Taifunen ausschließlich Mädchennamen zu geben.
»Herodes« ließ vom Kai der sterbenden Dschunken ab, drehte der Küste den Rücken zu und verschwand zwischen dem Leuchtfeuer der Insel Yuton und den Backbordlichtern des kanadischen Frachters »Lucky Load« auf dem offenen Pazifik. Dort ließ sich der Taifun kraftlos in einige bleigraue Wellentäler fallen. Am Morgen des ersten Weihnachtstages wurde er von den Wetterkarten gestrichen.

Jocks gewohnter Weg zum Hafen

Jock klebt die Fotos im Familien-Album um. Seine Weihnachtsbeschäftigung. Seit elf Jahren. Den Fotoband für die Familie hat Jocks Frau angelegt. Ordentlich und der Reihe nach. Zuerst Einzelbilder von Jock. Jock als Kind. Jock als Realschüler. Jock auf der Maschinenbauschule.
Dann Sie: Gertrud mit Tüte »Mein erster Schultag«. Gertrud als Verkäuferin. Gertrud als Filialleiterin.
Dann Jock und Gertrud: von Freunden geknipst, als sie sich zwei Monate lang kannten. Jock und Gertrud nach der Hochzeit in der Sebastianskirche. Jock und Gertrud auf Urlaub. Jock und Gertrud mit dem erstgeborenen Udo. Jock und Gertrud drei Jahre später mit der kleinen Sabine. Ein paar Bilder von der ganzen Familie. In der Wohnung. Beim Schneemannbauen.
Und dann hören die Fotos auf, obgleich das Album erst zu zwei Dritteln voll ist.
Jedes Jahr zu Weihnachten klebt Jock die Bilder um.
Jetzt setzt er die Kinder auf die ersten Seiten und dann seine Frau und sich zuletzt. Allein. Er macht die Familie anders. Er macht die Familie neu. Aber wie er die Bilder auch klebt: zuletzt bleibt er übrig. Allein.
Damals nach dem furchtbaren Autounfall hatte er überlegt, ob er auch die Artikel und die Bilder aus der Zeitung noch einkleben sollte. Aber um sich an den jähen Tod von Gertrud und Udo und Sabine zu erinnern, brauchte er keine Zeitungsberichte. Es begann das, was Jocks Studienkollegen seinen Abstieg nennen. Jock gab seinen Posten und die Wohnung auf, verschwand irgendwo zur Untermiete und wurde von früheren

Freunden als Hafenarbeiter beim Entladen von Frachtern erkannt, aber nicht mehr angesprochen.
Jock ist vieles gleichgültig geworden, worüber sich manche aufregen. Zum Beispiel, daß er in diesem achtstöckigen alten Haus der einzige »Einheimische« unter Gastarbeitern ist. Jock blieb, als die ersten Fremden einzogen. Und als er nur noch von Türken umgeben ist, gefällt es ihm. Die neuen Nachbarn fragen nicht. Und er braucht nichts zu antworten. Nichts über das Heute. Nichts über das Gestern.
Jock hört beim Kleben der Fotos Radio. Jetzt zum Heiligabend nur Kinderchöre und Orgelgebraus, halbstundenweise durch Kurznachrichten unterbrochen.
Eine Strähne Klebstoff zieht sich über Jocks Finger mit den beiden dünnen Eheringen. Jock reibt mit einem Streichholz den Finger und die Ringe sauber.
Bei den Meldungen horcht Jock auf. Eine Meldung des Hafenamtes. Ein Frachter hat leichtverderbliche Ware an Bord. Schauerleute werden zu einer Sonderschicht gesucht.
Jock spielt unschlüssig mit einem Foto, betrachtet es schließlich genauer. Ein Schnappschuß aus seiner Hand: Gertrud beim Reparieren ihres Fahrrads, durch Speichen fotografiert. Jock schaut lange auf das Bild. Er wundert sich über die Unschärfe des Bildes, die ihm früher nicht aufgefallen ist. Da merkt Jock, daß die Unschärfe zunimmt und nichts mit seinem Fotografieren von damals zu tun hat.
Jock klappt das Album zu. Er geht mit raschen Schritten mehreremale um den Tisch und spricht wie so oft laut mit sich: »Machst dich fertig, Junge! Machst dich fertig!« Nachdenklich dreht Jock den Verschluß der Klebetube zu. Am Radio tippt er die Tasten herunter: vom Regionalprogramm zu ausländischen Sendern. Aber die Orgel-Kinderchor-Kulisse ändert sich nicht. Jock schaltet den Apparat aus. Der Mann nimmt Wollschal und

Windjacke vom Haken und zieht kniehohe Gummistiefel an. Dann geht er aus seiner Wohnung, ohne die Tür hinter sich zu verschließen.
Im Nebel sieht das Telefonhäuschen wie eine zu groß geratene funzlige Laterne aus, denkt Jock, bevor er mit dem Heuerbaas spricht: »Hallo, hab' vorhin im Radio, der panamesische Bananenfrachter, kannst mich da nicht brauchen? - - - Jede Hand!? Aber nicht, daß ich einem die Schicht wegnehme, der drauf angewiesen ist! Nee? Gut. Wann ich -? Höchstens 'ne Viertelstunde! Bin schon draußen. Geh' den gewohnten Weg! Bis gleich!«
Jock schlägt den Kragen seiner Windjacke hoch und stapft durch den Nebel. Ab und zu kurze, heisere Schreie unter seinen Stiefeln, wenn er auf das dünne Eis einer Pfütze tritt.
Eigentlich bist du ein Idiot, denkt Jock. Drängst dich zur Schicht wie – ein junger Flaps zum Stelldichein. Klar, die Heiligabendschicht wird nach altem Brauch dreimal so gut bezahlt wie ein gewöhnlicher Arbeitstag. Aber trotzdem: du kommst doch mit deinen normalen Moneten gut über die Runde. Weißt ja gar nicht, wo du die zusätzlich erschuftete Heuer lassen sollst. Jock kommt ins Schlindern. Erst unfreiwillig, als er stolpert und von der Mitte des Bürgersteigs zur Bordsteinkante rutscht. Dann freiwillig, weil's ihm Spaß macht und an seine Jugendjahre erinnert, an das Schlittschuhfahren über die überschwemmten und zugefrorenen Wiesen im Emsland.
Die Gummistiefel Jocks sind gerifflet, dennoch gleiten sie fast widerstandslos über die glänzende Fläche des Bürgersteigs. Es hat den ganzen Nachmittag genieselt. Jetzt herrscht Frost.
Jock nimmt sein Selbstgespräch wieder auf: Na ja, tu nicht so. Redest vom Geld und freust dich im Grund nur auf die anderen am Pier, auf Bernd, Klöffke, den dicken Dartboom... Um zu sprechen? Nee, die sprechen nicht viel. Ein paar Zurufe bei der

Laderei, ein paar kurze Sätze beim Buttern, ein Lachen, ein Handschlag, das ist meistens schon alles. Aber sie sind da. Sie atmen und schimpfen und keuchen beim Bugsieren der Kisten und Fässer aus den unergründlichen Bäuchen der Frachter. Sie stampfen über die Gangway und flitzen mit den Gabelstaplern. Sie bewegen sich. Sie sind nicht starr wie – wie – Fotografierte, die nicht mehr... Jock läßt den Gedanken zerbröckeln. Die Wohnhäuser hören auf. Die langgestreckten Hallen fangen an. Zwischen den Hallen ist rotes Salz gestreut. Jocks Füße fassen wieder Tritt. Der Mann mit der Windjacke läuft, um nicht denken zu müssen. Die Atemwölkchen aus Jocks Mund werden heftiger.
An der Grenze zum Freihafen stößt Jock heftig mit einer zappeligen Gestalt im eleganten Ledermantel zusammen. Jock erschrickt. Auch der Mann im Wildledermantel zuckt zurück und läßt einen großen Karton fallen, in dem es rappelt.
Das Scheinwerferlicht von der Mole dringt nur milchig durch die Nebelfetzen bis hierher. Es reicht gerade aus, um das Gesicht des Mannes im teuren Mantel erkennen zu lassen. Trauerkloß, denkt Jock. Zappeliger, trauriger Trauerkloß, wenn es so etwas gibt. Aber sieht mein Gesicht anders aus?
Was machen Sie hier? will Jock fragen. Aber dann kommt ihm diese Frage zu barsch und zu befehlend vor. Sicher, der Mann paßt nicht hierher. Und es gibt manchmal Diebstähle im Freihafengelände, vor allem dann, wenn die Dunkelheit fünfzehn Stunden um die Uhr dauert. Aber wer gibt mir das Recht, in jedem Menschen, der nicht hierher paßt, einen Räuber zu vermuten?
Kann ich Ihnen irgendwie helfen? fragt Jock den traurigen Mann, der mit fahrigen Bewegungen seinen Karton aufnimmt, ihn wieder fallen läßt und noch einmal nach ihm greift.
»Verzeihung – ja, nein, heiße Zullbusch, Fred Zullbusch, kön-

nen Sie mir sagen, wie ich hier schnell zum Wasser komme? Habe mich irgendwie verlaufen. Bin mit dem Wagen erst bis zum Gleisanschluß - - aber dann der Nebel. Und das unbekannte Gelände. Da kann man sich schon - - unter Garantie!«
Der Mann hat endlich seinen Karton wieder unter dem Arm und sieht aus wie eine schmale Tasse mit großem Henkel. Zum Wasser? denkt Jock. Der will sich wohl nicht - - -?
»Wenn Sie ganz still sind, können Sie das Wasser an der Kaimauer glucksen und schmatzen hören«, sagt Jock. »Aber was wollen Sie heute nacht am Wasser? Ausgerechnet heute nacht?«
»Nur etwas hineinwerfen«, sagt der Zappelige. »Will es ein für allemal abbuchen, unter Garantie!«
Wie redet der Mann? denkt Jock. Immer mit seiner Garantie. Ob er vielleicht junge Katzen und Hunde ersäufen will?
»Haben Sie Tiere in dem Karton?« fragt Jock.
»Richtig bilanziert!« ruft der Zappelige erstaunt aus.
»Der Karton ist mit einer Kollektion Rhinos gefüllt!«
»Rhinos?«
»Jawoll, Rhinozerosse! Nashörner!« sagt der Mann. »Alles erstklassige Ware. Und breit sortiert: ein Breitmaulnashorn ist dabei und ein indisches Panzernashorn, ein Sumatranashorn und ein Schnuppernashorn...«
»Alles in dem Karton?« fragt Jock zögernd. »Lebend?«
»Nein!« sagt der Mann im Ledermantel schnell. »Mein Musterkoffer hier enthält nur die Figuren von Nashörnern. Aber aus alleredelstem Material: aus Alabaster, Jade, Elfenbein...«
»Und das alles wollen Sie jetzt einfach in das Hafenbecken - -?«
»Will ich nicht. Muß ich!« sagt der Zappelige. »Muß ich, wenn ich nicht an Bonität verlieren will, ich meine, mir selbst gegenüber. Bin Kaufmann, aus der Großhandelsbranche...«
Aha, daher die komische Sprache, denkt Jock.
»Und ich schenke meiner Braut seit sechs Jahren zu Weihnachten Nashörner verschiedenster Provenienz.«

»Warum ausgerechnet Nashörner?« wundert sich Jock.
»Wir haben uns auf Java kennengelernt. Bei einer Gesellschaftsreise mit Nachsaisonrabatt. Bei einer Tombola hat meine Braut damals ein Nashornpärchen gewonnen, aus getriebenem Kupfer. Und seitdem schenkt ihr alle Welt Nashörner: zum Geburtstag, zur bestandenen Führerscheinprüfung - - und - zur Bescherung am Heiligabend, wie ich. Unter Garantie.«
»Seit sechs Jahren?« fragt Jock.
»Seit sechs Jahren!« bestätigt der Zappelige mit Würde. Darum ist es mir völlig unverständlich, was heute geschah! Meine Braut ist sonst sehr seriös, zuverlässig, könnte ihr nur das beste Führungszeugnis...«
»Und heute, bei der Bescherung?« unterbricht Jock.
»Ich weiß auch nicht, was in sie gefahren ist, mit einemmale! Meine Offerte war doch wie sonst, wie jedesmal Heiligabend. Ich halte also den Karton auf dem Rücken und setze zu einer wohlvorbereiteten kleinen Festrede an - kann so etwas gut, bin bei Betriebsausflügen darin ohne Konkurrenz - und sage: Hedwig, darf ich dir an diesem Abend, da besonders die Gefühlswerte des Mitmenschen angerührt werden, als Krönung unseres bisher teilweise gemeinsam verbrachten Lebensweges dieses ans Herz und in die Hände legen - -? Und dann habe ich langsam und feierlich den Karton nach vorne - - und dann fragte sie leise ›Rhinos‹ und ich nickte lächelnd, und dann fuhr sie mit dem Ausdruck des Entsetzens zurück und weinte. Sie verlor die Fassung. Unbegreiflich, wo doch mein diesjähriges Sortiment an Nashörnern besonders reich bestückt... in -zig Antiquariaten bin ich gewesen... unbegreiflich!«
»Vielleicht nicht ganz unbegreiflich«, wagt Jock zu sagen.
»Vielleicht hatte Ihre Braut etwas anderes erwartet, nach - nach sechs Jahren. Ich meine - nach - ›sechs Jahren bisher teil-

weise gemeinsam verbrachten Lebenswege‹ wie Sie vorhin sagten.«
»Etwas anderes erwartet?« fragt der Zappelige. »Aber das hier ist ein Spitzenangebot. In Material und Form erste Ware. Ein kleines Vermögen steckt darin. Aber wenn meine Braut vor meinem Geschenk und mir zurückweicht, bitte sehr, ich kann niemanden zu seinem Glück zwingen. Jetzt habe ich endgültig Inventur gemacht. Es ist wohl innerlich Ladenschluß! Meine Braut weist mich ab, will mich nicht mehr als Partner. Und das nach sechs Jahren Lebens- und Geschäftsverbindung! Jetzt werde ich die Rhinos dem Wasser überantworten, damit die Erinnerung - - -!«
»Mensch, nun hören Sie doch endlich mit diesem Kauderwelsch auf: Inventur machen, Spitzenangebot, Geschäftsverbindung!« ruft Jock. »Für Sie ist das Leben wohl nichts anderes als ein großes Geschäft, was? Nur Angebot und Nachfrage!?«
Der Zapplige wird ruhiger, fast beängstigend still angesichts des Ausbruchs von Jock.
»Können Sie mir denn einen Rat, einen Tip...?« fragt der Mann im Wildledermantel kleinlaut.
»Wenn Ihnen so ein Rat nicht selbst einfällt...«, sagt Jock. »Nach sechs Jahren Bedenkzeit!«
Fred Zullbusch schaut verständnislos in Jocks Augen. »Bedenkzeit?«
»Na ja, Ihre Braut hat in diesem sechsten Jahr der Bekanntschaft mit Ihnen ein anderes Geschenk erwartet!«
»Etwa ein Rhinozeros aus Gold?« fragt Fred Zullbusch. »Aber die Begrenztheit meiner pekuniären Mittel...«
»Es gibt noch andere Begrenztheiten«, sagt Jock und schaut dabei auf Zillbuschs Stirn. »Ihre Braut wollte diesmal keine Nashörner, in diesem Jahr nicht und im letzten und vorletzten Jahr wahrscheinlich auch nicht. Sie will – oder sie hofft –

Menschenskind, schenken Sie ihr endlich einen Ehering! Heiraten Sie sie!«
Herr Zullbusch sucht nach Worten. »Ist das nicht ein bißchen altmodisch?« fragt er. »Eheringe unterm Weihnachtsbaum?«
»Wenn Sie das immerwährende Verschenken von Nashörnern für moderner halten...« sagt Jock bedächtig.
»Sie haben recht«, sagt Herr Zullbusch plötzlich entschlossen. Aber dann wird er wieder unsicher und unruhig. »Aber Eheringe, jetzt am Heiligabend, da ist doch gar nicht dranzukommen, wo doch überall Geschäftsruhe...!«
Jock nimmt seine rechte Hand nach vorn, spreizt den Ringfinger ab. Es dauert lange, bis er die dünnen Ringe abgestreift hat und sie Herrn Zullbusch entgegenhält. »Da kann ich aushelfen«, sagt Jock nach einem Schlucken. »Wenigstens auf Zeit. Sie geben mir die Ringe wieder, wenn Sie richtige... selbst...«
Fred Zullbusch traut sich noch nicht, die Ringe anzunehmen. »Aber Ihre Frau... verzeihen Sie...«
»Gertrud ist – wäre sicher damit einverstanden!«
»Dann bin ich so frei!« sagt Fred Zullbusch. Er nimmt die Ringe rasch an sich, als könne es Jock sich noch anders überlegen, fingert eine Visitenkarte aus der Manteltasche und drückt sie Jock mit dem Karton in die Hand.
»Leihgebühr«, sagt der Großkaufmann Zullbusch und verschwindet im Nebel.
Jock setzt sich langsam wieder in Bewegung. Die Jungs am Ladekran werden Augen machen, denkt er. Bernd, Klöffke, der dicke Dartboom... So ein Geschenk erwartet keiner.
Nashörner aus Jade, Alabaster, Elfenbein.
Jetzt erkennt Jock schon die Umrisse des panamesischen Frachters.

Ein Fall für die Notbremse

Eine junge Frau, in ihr Umschlagtuch gehüllt. Auf ihrem Schoß ein notdürftig gewindelter Säugling. Hinter Frau und Kind ein Mann, dessen bärtiges Antlitz von Staunen, Freude und Sorge gleichzeitig geprägt ist.
Ja, auf diese Gruppe ist unser Gefühl gedrillt. Da wissen wir Bescheid. Da lassen wir uns anrühren. In diesen Tagen.
Aber bitte: Carlotta Veduto war nicht schlank und jung, sondern hatte eher jene matronenhaft rundliche Würde, wie sie Mütter vielköpfiger Familien oft besitzen. Und Massimo Veduto, ihr Mann, hatte keinen Vollbart im vertrauenerweckenden Gesicht, sondern nur eine Menjou-Fliege unter der kantig vorspringenden Nase, die der Physiognomie Massimos etwas Gerissenes gab. Und da war nicht ein lächelnder, gescheit dreinblickender Säugling, sondern ein Gewimmel von sieben Kindern, deren Gesichter jetzt dösig und schlafbedürftig aussahen. Da weiß man Bescheid, wenn so was auf einem Bahnsteig sitzt und lamentiert, ein paar Pappkoffer und verschnürte Kleiderballen um sich herum: Gastarbeiter mit Anhang. Da braucht man im Schneetreiben keinen zweiten Blick zu riskieren; schon der erste ist verschwendete Anstrengung. ›Das sind doch die, die uns die Arbeitsplätze weg...‹ oder ›Millionen an Kindergeld sollen die ja rausgeschleppt...‹ Nicht mal zu Ende denkt man. Es lohnt sich nicht. Außerdem hat man schließlich genug im Kopf in diesen letzten Stunden. Für Tante Cäcilie hat man doch tatsächlich ein Geschenk vergessen! Und immerhin hat sie keine Kinder und hinterläßt mal ihr Eigenheim, wo die meisten Bausparraten schon abbezahlt sind. Wäre doch was Schönes für unsere Doris, wenn sie mal soweit ist.

Da muß doch irgendwas Originelles aufzutreiben sein! Nee, Parfümpackung und Seife geht nicht. Zu popelig. Aber so ein schwarzes, elegantes Aktenköfferchen, wie es unsere Minister meistens mit sich herumschleppen. Das wäre doch was! Das zeugt von Geschmack und Zuneigung zugleich. Muß doch mal zu Leder-Bantermann rüber. Hoffentlich haben die noch auf. Verdammt, in ein paar Stunden ist schon Bescherung.
Schöne Bescherung. Auch die Vedutos hätten gern in ein paar Stunden Bescherung. Sie haben sich das gestern noch benissimo ausgemalt. Um zehn Uhr abends wären sie in Spoleto gewesen, und eine Stunde mit dem Bus später in ihrem umbrischen Heimatdörfchen Giadutto. Wären. Wenn da nicht Hindernisse sich aufgetürmt hätten: verzwickte Fahrpläne, durch Schneeverwehungen aufgehaltene Züge, unverständliche Wortschwalle von Schaffnern und Kontrolleuren, die auch den allerletzten Rest klaren Denkens in dumpfe Verwirrung umwandeln konnten.
Vieles war zusammengekommen, um die neun Vedutos - klingt fast wie der Name einer Artistengruppe: die neun Vedutos - wenige Stunden vor Heiligabend auf dem Bahnsteig in G., irgendwo zwischen Flensburg und Holzkirchen, notlanden zu lassen.
Als Massimo Veduto sich vor fünf Jahren entschlossen hatte, den lockenden Gesängen des deutschen »Arbeitskräftewerbers« zu lauschen, den Vesprechungen inbrünstig zu glauben und sich ins gelobte Germanien zu begeben, war alles leicht. »Selbstverständlich können Sie Ihre Gattin und die drei reizenden Kinder mitnehmen, Signor Veduto!« - So wurde selbst die Abreise vom Bahnhof Spoleto, die in vielen Mitfahrern erste Heimweh-Ahnungen auslöste, für Massimo Veduto ein Familienfest. Man hatte so viel umbrischen Landwein - den goldgelben mit dem öligen Fluß - mitgenommen, daß der Vor-

rat trotz eifrigen Zuspruchs bis Köln-Deutz reichte, und da mußten die Vedutos ohnehin umsteigen.
In den fünf Jahren Deutschland hatten die Vedutos es leidlich. Nicht, daß man ihnen vor Freude um den Hals gefallen wäre, aber die Behausung war gut, die Arbeit erträglich, der Verdienst so, daß Massimo Veduto seiner Frau jedes Jahr ein neues Kleid, sich selbst einen Anzug gönnen konnte und sie beide sich fast alljährlich ein weiteres Kind zustanden.
Aber dann wurde die Lage in Germanien allmählich mies. Fabriken wurden geschlossen. Arbeiter entlassen.
Massimo Veduto war einer der ersten, die ihren Kündigungsbrief bekamen. »...gehören Sie zu den Arbeitskräften, die infolge unserer Rationalisierungsmaßnahmen freigesetzt...«, las er. Massimo besprach die trübe Sache mit seiner Frau. Sie war für sofortige Rückreise; manche Männer gerieten auf die schiefe Bahn, wenn sie keine Arbeit mehr hatten. »Laß uns sofort packen«, sagte sie. »Laß uns Heiligabend wieder in Umbrien sein!« Aber sieben Kinder reisefertig zu machen, frißt viel Zeit. So viel Zeit, daß die Familie Veduto den Sonderzug verpaßte, der eigens für rückreisende oder urlaubmachende Gastarbeiter bereitgestellt wurde.
»Zug raus! Weg! Futschikato!« sagte der Auskunftsbeamte den neun Vedutos, die leicht verdutzt den freundlichen Versuchen des Mannes lauschten, das Wort futsch zu italianisieren.
»Treno speziale nach Rom schon abgedampft. Tsch-tsch-tsch!« Und der Mann mit der Banderole »Information« an der Mütze machte mit den Ellenbogen jene Bewegungen, die man in der ganzen Welt als Lokomotivespielen kennt. Und zugleich hatte er ein Trostpflästerchen bereit. »Aber auf Bahnsteig drei fährt D-Zug in zehn Minuten ab. München umsteigen. Dann auch morgen früh in Heimatland! Bahnsteig drei. Avanti, avanti!« Die Vedutos packten ihre Bündel und Kartons und verschwan-

den im zugigen Treppenschacht des Bahnhofs. Nun kann es sein, daß der scharfe Wind über dem Bahnsteig die Worte des Auskunftsbeamten verwischt hatte. Jedenfalls glaubten Carlotta und Massimo Veduto Bahnsteig zwei gehört zu haben. Und richtig: am Bahnsteig zwei stand ein Zug abfahrbereit. Das letzte Gepäckstück warf ein zuvorkommender Mitmensch den Vedutos noch in den bereits abfahrenden Zug nach; das Wohlgefühl bei dieser guten Tat den Italienern gegenüber reichte bei dem Mann noch bis Neujahr.
Familie Veduto hatte ein Abteil für sich. Das war wie ein kleines Zimmer und war ein richtiges Wohnen. Massimo Veduto verstaute die Bündel unter den Bänken, schaffte in einem Korb ein Ruhelager für das kleinste Kind, ließ sich von seiner Frau ein Stück Brot und Salami geben und schaute vergnügt nach draußen, wo die Mülltonnen vor den Häusern so froren, daß man hier im warmen Abteil Mitleid mit ihnen haben mußte.
Der beginnende Halbschlaf der Vedutos wurde fortgescheucht durch einen Kontrolleur, der die Abteile forsch aufschob und rief: »Fahrausweise bitte.« Fahrausweise! Hätte schließlich auch Fahrkarten sagen können, der Mann. Aber Fahrausweise, das klingt nach Legitimationskarte, nach Paß, nach Grenzübergang, kurz nach Dingen und Vorgängen, die ein schlechtes Gewissen auszulösen vermögen.
Aber Massimo Veduto hatte kapiert und zeigte seine Sammelfahrkarte. »Du meine Güte! Sie sind ja ganz falsch! Der Zug fährt nach Kopenhagen. Nach Ko-pen-ha-gen! Hoch nach Norden! Nicht tief nach Süden! Alles falsch!«
Alles falsch! Das Wort regte Massimo Veduto auf. So hatte auch der Vorarbeiter auf dem Eisenwerk gerufen, wo Massimo in den ersten Monaten Rohre aneinanderschrauben mußte und manchmal mit den Gewinden nicht zurechtkam. Und jetzt war dieses »Alles falsch!« wieder da. Nicht nach Spoleto ging's hier,

sondern nach Kopenhagen, wo vielleicht Eskimohütten standen? Und da sollte er mit seiner Familie hin, die sich nach Umbriens Sonne sehnte?
Massimo Veduto suchte in dieser verzwickten Lage so dringlich nach einem Ausweg, daß die einzigen italienischen Worte, die im Abteil zu lesen waren, ihn plötzlich vom Sitz aufspringen ließen. Das war die Lösung: Allarme! Tirare la maniglia solo in caso di pericolo! – Die Notbremse! Nur im Fall der Gefahr ziehen! – War das etwa hier kein Gefahrensfall? Hier, wo die wärmehungrigen Vedutos in unwirtliche Eiswüsten verschleppt werden sollten? Hier war warhaftig ein Caso di pericolo!
Schon hatte Massimo Veduto den eckigen Griff in der Hand. Er hängte sein ganzes Körpergewicht an diesen Griff, der als einziges Autoritätswesen die Fahrt zum Nordpol sofort stoppen konnte.
Und der schwere Griff unter dem weißen Kasten tat's. Massimo spürte, wie das Bleiplättchen der Plompe ihm ans Kinn flog. Dann wurden die Vedutos und der Schaffner gegen die Abteilwand geschleudert, auf der fröhliche Fotos winkten. »Besucht die Spielbank von Travemünde!«
Der Schaffner zog seine Jacke zurecht. Er wollte etwas sagen. Aber die Worte kamen nicht. Es war das erste Mal während seiner 27jährigen Amtszeit, daß in »seinem« Zug die Notbremse gezogen wurde. Da zeigte der Schaffner auf den letzten Teil der Notbremsen-Beschriftung: Ogni abuso verra punito! – Jawohl! Jeder Mißbrauch wird bestraft.
Aber da begann Signora Carlotta Veduto zu weinen. Und sie konnte weinen! So ansteckend, daß sofort vier der sieben Veduto-Kinder in das Geheul einfielen.
Der Schaffner beschloß, den Grund für diesen Notbremsen-Gebrauch unter »Unwissenheit« zu buchen und die Vedutos ungeschoren zu lassen. Und nach dieser Guttat kam ihm auch

das Sprechvermögen zurück. »Nächste Station aber aussteigen!« sagte er noch. Und er überwachte den Exodus der Vedutos aus seinem Zug.
Die nächste Station war G. Oder war es D.? Oder C.? oder P.? Oder E.?
Schauen Sie doch bitte jetzt noch eben auf Ihrem Bahnsteig nach, ob die Vedutos da sitzen. Könnte ja sein...

Kasse statt Krippe

Herr Waldemar Engbuchs erkannte spätestens in jenem Morgengrauen seinen neuen Weg, als er entdeckte, daß er in der verflossenen Nacht nicht mehr – wie sonst – von den Konturen der Filialleiterin des Konsums Dortmund-Hamm (Zweigstelle Barop) geträumt hatte, sondern vom Umriß der Registrierkasse in besagtem Selbstbedienungsladen.

Man ließ sich im Konsum gern die Arbeit des Kassierens vom Kaufmannsgehilfen Engbuchs abnehmen, vor allem darum, weil das innige Verhältnis des jungen Mannes zur Kasse kaum Anschlag- und Buchungsfehler zuließ. Zum Verdruß alleinstehender Hausfrauen, die bisher die Zeit des Anstehens vor dem Kassen-Durchschlupf gern zu einem gemütlichen Schwatz benutzt hatten, vollzog sich das Registrieren auch gewaltigster Drahtkorb-Inhalte bei Herrn Engbuchs mit einer Fixigkeit, wie man sie in Deutschland nur noch aus den Fernseh-Wiederholungen alter Stummfilme komödiantischer Prägung kannte.

Erst folgendes Vorkommnis gab der Filialleiterin des Konsums Anlaß zu einer Meldung an die Direktion: In der Hauptgeschäftszeit rückte auf Anordnung Engbuchs' ein Techniker des Schallplattenstudios »Selfmade« in den Superladen, stellte sich neben die Kasse mit einem Aufnahmegerät und fixierte eine Stunde lang das Klingelgeräusch. Auf Befragen gestand Herr Engbuchs, sich zu eigenem Erbau (er sagte nicht Erbauung, sondern Erbau) das »lieblich-triumphale Läuten« (wörtliches Zitat) der Kasse in eine Langspielplatte pressen zu wollen. Die Platte solle ihm den Feierabend und das Aufstehen erleichtern.

Der Direktor des Konsums ließ Herrn Engbuchs kommen,

unterhielt sich mit ihm über die Ästhetik des Kassenwesens und machte ihn zum Generalinspizienten der 1374 Kassen seiner Gesellschaft. Herr Engbuchs stellte lediglich die Bedingung, alljährlich die zu Weihnachten fälligen Anteile der Konsummitglieder auf Bonbasis selbst errechnen zu dürfen. Sie wurde angenommen.

Das höhere Gehalt versetzte Herrn Engbuchs in die Lage, in Antiquariaten und aussterbenden Tante Emma-Läden nach alten Kassen zu forschen und sie für eine umfassende Sammlung zu erwerben. Prunkstück der rasch wachsenden Akquisitionen war bald eine gedübelte Kriegskasse aus lackiertem Zedernholz, die Alexander der Große zur Sicherung seines eventuellen Alters heimlich bei Detepolos eingraben ließ.

Mit der Gründung einer »Gesellschaft der Cassophilen« kam Engbuchs alsdann einem deutschen Zeitbedürfnis entgegen: neben den Institutionen Kaufhof, Karstadt und Horten, die korporativ der neuen Gesellschaft beitraten, bewarben sich auch Aldi, Wienerwald und der »Bund für Hausmannskost« um die Aufnahme. Sie mußten auf die Warteliste.

Waldemar Engbuchs startete nun den Werbefeldzug »Jeder deutschen Hausfrau die Heim-Registrierkasse«. Wertvolle Anregungen zum Entwurf dieser Kasse erhielt er von seiner ehemaligen Filialleiterin, die ihm gestand, daß sie ihn seinerzeit nur aus Eifersuchtsgründen bei der Direktion angezeigt habe, und die er heiratete. Die Tochter, die diesem Bund entsproß, nannte das Ehepaar Engbuchs »Kassandra«; im Falle eines Sohnes hatte man sich auf »Cassius« geeinigt.

Die Heim-Registrierkasse wurde zum Schlager. Engbuchs verschaffte sich die Majorität der Aktien des Kassenkonzerns. Er gliederte den Werken eine Kassen-Spielzeugprokuktion an und eine Marzipanfabrik – ausschließliche Ware: Marzipankassen. Das Volk war für den Kassengedanken begeistert. Einzelne

Querulanten, die abseits standen – darunter zwei sozialkritische Schriftsteller – gewann Engbuchs durch Gründung der Zeitschrift »Kunst und Kasse«, die eine Zufluchtsstätte der jungen Literatur wurde. Als Engbuchs erst einmal Geschmack am Publizieren gewonnen hatte, ließ er rasch hintereinander die bebilderte Tageszeitung »Zur Kasse!«, die »Vierteljahresschrift des kassenbewußten Zeitpartners« und den »Kassenkampf«-Buchverlag erstehen.
Weihnachten 1986 beseitigte Waldemar Engbuchs ein Ärgernis: die Krippen wurden durch Kleinkassen abgelöst. Den Schritt zu dieser Aktion »Kasse statt Krippe« wußte Engbuchs mit seinem Flugblatt »In Deutschland wird die Kasse bereits seit Jahrhunderten angebetet: Laßt uns diesen schönen Brauch auch äußerlich feiern!« zu begründen.

Der nickende Neger

Das Kircheninnere sah aus wie der verrümpelte Wohnraum einer alten Jungfer, die sich von keinem Möbelstück, keiner Erinnerung trennen kann, die Bild neben Bild hängt, Schondecken auf Schondecken breitet. Es roch auch nach Alleinhausenden, die nur ungern ihre Fenster öffnen: muffig, säuerlich, abgestanden, und mildernd dazwischen ein würziger Hauch wie aus einem Kräuterschränkchen. Das ist der Weihrauch vom letzten Sonntag, dachte Outland, der Weihrauch vom letzten und vorletzten Sonntag und von ein paar tausend Sonntagen vorher. Nicht allzu viele tausend, dachte Outland weiter. Dieses Gotteshaus mit seiner grob imitierten Gotik kann erst gegen Ende des letzten Jahrhunderts entstanden sein. Es hat nicht die Überzeugungskraft der alten Kathedralen dieses Europas, dieses Lastträgers Europa, dessen Riesenbündel schwerer ist als der abmagernde siechende Körper darunter. Vielleicht bricht der Körper eines Tages zusammen, wenn er nicht den Mut hat, etwas abzuwerfen.

Outland ging an den gedrechselten Beichtstühlen vorbei auf den linken Seitenaltar zu. Es war ihm angenehm, daß seine gummigesohlten Armeeschuhe keine Geräusche auf den Steinplatten verursachten; die zwei Dutzend einsamen Beter in den Bänken und vor dem Standbild des Judas Thaddäus würden ohnehin zu ihm hinblicken, wenn sie bemerkten, daß ein Neger in der Kirche war. Man würde ihn nicht auffällig mustern, nein, aber doch, für ihn schmerzhaft genug, aus den Augenwinkeln, und wenn er vorbei war, würden einige sich vielleicht lächelnd anstoßen, so, wie man sich im zoologischen Garten gegenseitig auf Neuentdeckungen aufmerksam macht.

Outland kniete sich in die vorderste Bank. Es machte ihm einige Mühe, seinen großen Körper in das für Kinder berechnete Gestühl zu zwängen. Auch sah er, daß das Kniebrett schmutzig war; die scharf ausgebügelte Uniformhose würde Flecken bekommen. Outland schob einen Zipfel seines Mantels unter die Kniescheibe. Er hatte heute nachmittag Dienst, und ein Staffsergeant muß vor der Front der angetretenen Kompanie einen makellosen Eindruck machen, vor allem als Farbiger. Es ist nicht leicht, in einer gemischten Einheit zu sein, aber es ist gut, daß es so etwas gibt, dachte Outland.
Übrigens, was will ich hier? fragte sich der Staffsergeant Outland. Was will ich hier in der Kirche? Outland war für drei Tage bei den Jesuiten zu Exerzitien gewesen, als er das Abschlußexamen der Oberschule in Tennessee bestanden hatte. Der Pater, der ihren Kurs damals leitete, hatte sie angehalten, sich jedesmal bei Eintritt in eine Kirche zu fragen: Was will ich hier? – Beten, sagte sich Outland. Ich will hier beten.
Stimmt das? Nein, ich bin abgehauen. Ich habe die Einladung zurückgewiesen, die von deutschen Familien an alle in dieser Stadt stationierten Soldaten ergangen ist. Klingt gut: Vereint unter dem Weihnachtsbaum. Genau das, was man sich bei uns vom trauten Christfest vorstellt. Und dann sitzt man da, singt ein paar Weihnachtslieder, kriegt ein Paket mit kostspieligen Geschenken in die Hand gedrückt und darf sich den Bauch mit Gänsebraten vollschlagen. Die Gastgeber sind nett, furchtbar nett, übertrieben nett. Das ist das Verdammte bei diesen Einladungen: die Leute spielen Gutsein! Aber wehe, ich mache der zweiundzwanzigjährigen Tochter des Gerichtsrates, der mich im vorigen Jahr an seinen Gabentisch geholt hat, einen Heiratsantrag. Dann wird's ernst. Dann ist's vorbei mit der Gefühligkeit, und das Biologische kommt auf den Stundenplan. Diese christlichen Spießer hier sind auch nicht viel anders

als die rassenbewußten Weißen in den exklusiven Clubs bei uns. Sie machen ein halbes Trippelschrittchen auf einem Weg, der mächtig lang ist, unzählige Male um diese kleine Welt herum, hin bis zu – ja, bis zum Stern von Bethlehem, den der Küster dieser Kirche in die Realität von Pappe und Stanniol hineingeholt hat, seiner Gemeinde zur Erbauung.
Outland stand auf, vom Krippenbau angezogen. Bevor er aus der Bank trat, fiel ihm ein, daß er noch kein Gebet gesprochen hatte. Herr, hab Geduld mit Deinem Diener, dem Staffsergeant Outland, aus Erde gemacht, dachte er. Die Krippenanlage staffelte sich mit ihrem halben Hundert Figuren bis zum Halse der überlebensgroßen Christusdarstellung an der nach innen gekrümmten Wand des Seitenaltars. Outland war erstaunt über die geschnitzten Hirten, die Tiere, die Miniaturhäuser. Gute, saubere Arbeit, die eigentlich nicht zum verkorksten Stil dieser Kirche paßte. Dafür war die Heilige Familie im Stall aus dem puppigen Seriengips einer Devotionalienfabrik, die offensichtlich nur über die Farben Gold, Rosa und Blau verfügte, und zwar verschwenderisch. Wer weiß, wie das alles zusammengekommen ist, dachte Outland. Vielleicht hat jemand nachträglich Schnitzwerke gespendet; ein Mann aus dem Altersheim vielleicht, der nie gewußt hat, daß ein Künstler in ihm steckt.
Ein kleiner Junge, der in seinem dicken Kamelhaarmäntelchen wie ein pummeliger Bär aussah, schob sich neben Outland an die starre, künstliche Landschaft, deren Konturen nur durch violette Lichtflocken aufgeweicht wurden, die aus zwei abgeschirmten Scheinwerfern vom Kreuzbogen herabrieselten. Der Kleine begann seine Musterung sorgsam auf der rechten Seite, ging dann hinter Outlands Rücken zur linken über und setzte die aufmerksame Betrachtung dort fort. Der Staffsergeant beobachtete den Jungen erheitert und spürte, wie einige Funken

weihnachtlicher Freude von dem Menschenbärchen zu ihm herüberknisterten. Da trafen sich die Blicke Outlands und des Jungen. Der Kleine hob die Hand in einer blitzkurzen Reflexbewegung gegen den Mund. Dann stieß er beide Arme bis zum Ellbogen in die tiefen Taschen seines beigefarbenen Mantels, riß seinen Blick vom Gesicht Outlands los und starrte verbiestert, aber tapfer auf die üppige Szenerie. Er hat sich erschrocken, dachte Outland enttäuscht. Gut, daß nicht Dreikönigstag ist, sonst hätte der Junge geglaubt, der Mohr sei leibhaftig geworden. Jetzt habe ich dem Jungen die Freude an dem putzigen Augenschmaus verdorben, denn er wird noch eine Weile brauchen, bis er die Furcht in sich niedergekämpft hat. Ja, mein winziger Bursche, wir beide haben die Farben nicht erfunden. Der liebe Lord muß sich etwas dabei gedacht haben, als er bei mir den Pinsel in den schwarzen Lacktopf und bei dir in den weißen tauchte.
Der Junge zog die Rechte aus der Tasche, schaute Outland wieder an und warf einige Münzen durch den Schlitz eines gestrichenen Kastens. Jetzt erschrak der Staffsergeant Outland: Über dem scheppernden Blech nickte die Statuette eines grinsenden winzigen Negers. In monotoner Demut quittierte sie jedes Kupferstück. Nick, nick, nick machte in der Stille deutlich hörbar ein drahtiger Mechanismus, der dort saß, wo beim Menschen aus Fleisch und Blut das Genick ist.
Ob der Kleine im Kamelhaarmantel von der Bestürzung Outlands gewußt hatte? Der Junge warf jedenfalls nochmals Münzen ein, um den kauernden Metallneger zum Nicken zu zwingen. Mit Entsetzen spürte Outland die Versuchung, bei jedem Geldeinwurf des Knabens ebenfalls zu nicken. Nick, nick, nick machte der Nacken seines verniedlichten Ebenbildes.
Der Junge hatte kein Geld mehr. Outland empfand darüber eine ungeheure Erleichterung. Da tippte das Kind der Figur auf

der Almosendose an den Kraushaarkopf, und wieder nickte der Schwarze mit seinem gefrorenen Lächeln.

Outland griff zu seiner Geldbörse und trat vor den Opferkasten, den Junge leicht zur Seite drängend. Alles Metallgeld warf der Staffsergeant in den nimmersatten Spalt. Gedankenbruchstücke mit scharfen Rändern wirbelten dabei durch sein Hirn: Wenigstens für Geld sollst du nicken – wenigstens für ein paar runde Metallplättchen sollst du dein Nick-nick-nick vor dem Jungen machen – wie ein Shoeshineboy bei uns in Tennessee – komm, mach brav dein Nick-nick-nick für Money – und nicht, wenn dir jemand gegen den Schädel tippt. Nun besaß auch Outland kein Kleingeld mehr: Pfennige und Cents, Groschen und Nickels und Dimes und Quarters und Markstücke hatte er in die weiße Kasse hineinklicken lassen. Müde steckte der Staffsergeant sein Portemonnaie in die Manteltasche. Er senkte den Kopf und wartete eine Weile darauf, daß der Junge gehen würde.

Der Junge ging nicht. Als er sah, daß der farbige Soldat kein Hartgeld mehr hatte, nahm er einen Strohhalm, der von der Krippenrampe auf den Steinboden gefallen war, und steckte das fahlgelbe Stielchen durch den Einwurfschlitz der Kassette, ohne es loszulassen. Nun nickte das Negerlein in zunehmender Geschwindigkeit, als wolle es alles bestätigen, was man von ihm erfragte, verlangte, begehrte. Und der Kleine hörte nicht auf, dieses konvulsische Nicken aus dem Almosenheischer herauszukitzeln. Etwas wie ein Machtrausch drückte von innen fiebrige Flecken durch die Haut des Jungen auf die Wangen.

Der Strohhalm knickte bei der Stocherei um, der zuckende Negerkopf pendelte aus. Der Kleine im Kamelhaarmantel bückte sich nach einem neuen Halm.

Outland umschloß den Metallkopf mit der Hand. Der Junge

ließ das Suchen, richtete sich wieder auf und starrte nachdenklich und erwartungsvoll auf den Staffsergeant. Für die Länge eines Vaterunsers tat Outland gar nichts; nur daß er seine schwarze Hand schützend um den mißhandelten Miniaturschädel hielt.
Der Junge wurde unruhig. Er streifte die untere Hälfte des Mantels hoch und wühlte in den Hosentaschen. Da fand er noch ein Geldstück, mit dem er die schützende Gebärde des farbigen Soldaten zu sprengen gedachte. Der Kleine drängte sich abermals an Outland und opferte die Münze dem Kasten, der sie knackend verschluckte.
In Outlands Hand begann der kleine Kopf sich wieder zu bewegen, wie ein gefangener Vogel. Der Griff des Staffsergeanten wurde fester, so fest, wie er auf dem Schießstand den Kolbenhals seines Karabiners zu umklammern hatte. Outland wollte das Nicken erwürgen.
Da brach mit einem Geräusch, das sich anhörte wie das Aufflammen eines Streichholzes, der schwarze Metallkopf ab. Outland hielt in seiner ersten Bestürzung die Hand noch immer über dem schwarzen Rumpf. Der Schmerz, von dem der Staffsergeant durchzuckt wurde, stand in keinem Verhältnis zum Unbehagen, mit dem man die versehentliche Zerstörung eines ersetzbaren Gegenstandes registriert. Der Schmerz Outlands hatte die Außmaße der Trauer um einen Getöteten. Der Junge blickte auf Outland. Das runde Gesicht des Kleinen sah aus, wie Kindergesichter aussehen, wenn während einer Kinovorstellung der Film reißt. Das Erschrecken war geringer als der Ärger.
Die Kerzen hinter dem Almosenkästchen saugten wispernd ihre Nahrung aus den gekrümmten Dochten. Ein Schlurfen endete mit dumpfem Poltern im Gehäuse des Beichtstuhles. Zwei Türflügel schwappten zögernd mehrere Male aneinander

vorbei und klickten am Schloß ineinander. Die Kirchenfenster filterten spärliches Licht.

Outland öffnete seine Hand. Der Junge sah mit Erstaunen, daß diese Hand vom Ballen bis zu den Fingerkuppen weiß war. Nur die Falten des gekrümmten Tellers, in dem der abgebrochene Kopf lag, sahen wie dunkel gebeizte Kerben aus. In seiner Ratlosigkeit hielt der Staffsergeant dem Jungen mit kargem Lächeln die Hand entgegen. Das Kind schaute erst verdutzt in das Gesicht Outlands, dann berührte es behutsam mit dem Zeigefinger die angerosteten Drahtstümpfe, die sich aus dem Hals des Metallkopfes schoben. Der Zeigefinger begann, nach anfänglichem Zurückzucken, streichelnde Bewegungen zu machen. Aller Unwille war aus dem Kindergesicht getilgt.

Der farbige Soldat schloß langsam die Hand und schob sie mit dem Inhalt in die Tasche seines Trenchcoats. Eine junge Frau in einem torfbraunen Pelzmantel klapperte mit Absätzen ein Stakkato auf die Steinfliesen. Sie legte leicht ihren grünen Lederhandschuh in die Armbeuge des Jungen, neigte sich zu ihm hinunter und flüsterte ihm einige Worte ins Ohr. Das Kind schüttelte den Kopf. Die Frau tippelte wieder zurück.

Der Junge wartete, bis die Schritte vom Kirchenschiff aufgesogen waren. Dann griff er nach dem Hirten, der ein Lamm geschultert trug, und stellte ihn rasch neben den Negerrumpf auf den Geldkasten. Der Kleine trat einen Schritt zurück und prüfte das neue Bild. Er war mit der Gruppierung nicht zufrieden und stellte nun den Hirten *vor* das schwarze Relikt, so daß das klagende, häßliche Loch zwischen den Schultern nicht mehr zu sehen war.

Zwei Mädchen, größer als der Junge im Kamelhaarmantel, standen mit einem Male zwischen ihm und dem dunklen Soldaten. Sie zerrissen das Band der Spannung, das die beiden Männer verbunden hatte. Jawohl, Männer! dachte Outland

mit Nachdruck. Das hier war eine Männersache. Wir haben gegeneinander gekämpft, schließlich miteinander, und wir haben uns besiegt und alles, was hier in der Kirche gegen uns war. Und wir haben während des Kampfes kein Wort gesprochen, wie es sich unter Männern gehört.
Du mußt eine Auszeichnung haben, kleiner dicker Junge im Kamelhaarmäntelchen, dachte Outland.
Der Soldat griff in die Tasche, holte den Negerkopf heraus und drehte sich zur Seite, um dem Kind dieses Geschenk zu machen. Aber der Junge war nicht mehr da.
Outland legte das schwarze Stückchen Metall dem Hirten vor die Füße. Die beiden Mädchen begannen zu tuscheln. Da ging auch Outland, und wieder freute er sich, daß seine Schuhe keinen Lärm machten.

Die Minute des Erzengels

Das Scheinwerferlicht wurde milchig. Der Strahl bog sich im lockeren Nebel durch und sickerte träge in die Risse zwischen den Wellenkämmen.
»Schlapp«, sagte Kaßner. »Schlapp wie wir.« Der Matrose blinzelte zur Brücke hinauf. Neben dem kraftlosen Scheinwerfer standen dort Käpitän und Erster Steuermann regungslos: Schirmmütze, Wollpompon und die Umrisse von zwei Schulterpaaren. Kaßner starrte wieder auf das wirre Wasser, als er sagte: »Bei dieser Schufterei in der Nacht macht selbst die Laterne nicht mehr mit.«
»Tja, dat iss ja man in dei'm ureigensten Interesse drin, Erzengel, dat wir hier'n büschen ranhauen! Schließlich woll'n wir nich mit'm leeren Pott anne Mole kommen, nöch?«
Der Mann, der das gesagt hatte, stand so nahe neben Kaßner, daß die Krempen ihrer Südwester sich berührten.
»Aber heute nacht hätte der Kapitän ruhig halblang machen können«, sagte Kaßner. »Wo hat schon jemals das Rackern in der Weihnacht Segen gebracht?«
»Erzengel, du machst wieder Sprüche. Uns fehlen noch zwodusend Korb an'ner vollen ›Kathrein II‹.«
Der andere drückte mit dem Daumen die Glut seiner Pfeife fest. Dann drehte er den Bruyère-Kopf nach unten; er wollte den Tabak vor der Nässe schützen. Gischt wehte flockig über die Stahlplatten der Reling, und mit dem stärkeren Wind war Nieselregen aufgekommen. Als der Mann jetzt am zerbissenen Pfeifenmundstück sog, lag ein zarter tiefroter Schimmer auf seinem schwarzen Bart. Mehr sah Kaßner nicht vom Gesicht des anderen.

Kaßner spürte, wie ihn ein trauriger Ärger packte. Der andere hatte ihn »Erzengel« genannt. Das taten viele der zwei Dutzend Männer auf der »Kathrein II«, weil Kaßner gern Gespräche über das Weltende, das Jenseits oder die Langmut Gottes anregte. Aber wenn die Seeleute »Erzengel« zu ihm sagten, dann war ihr Tonfall eher wohlwollend als spöttisch. Es gibt viel Geheimnisvolles für einen Hochseefischer. Glauben und Aberglauben. Jähes Unglück – durch eine tote Möwe an Bord. Plötzlicher Sturm – weil der Schiffsjunge einen Schlagergepfiffen hat. Unerklärlich schlechter Fang – weil sich jemand während des Netzauswerfens rasiert hat. Und unerwartet gute Beute – etwa weil der Kapitän mit Neptun im Bunde steht? – Darum waren Kaßners Vorstellungen eine Möglichkeit unter vielen für die Seeleute der »Kathrein II«, und in einer leeren Stunde am Steuerrad oder beim Netzflicken im Kabelgatt hörte man ihm aufmerksam zu. Manchmal forderte man ihn durch überlegte Einwände sogar zu gesteigertem Eifer heraus. Aber heute nacht hatte man zu arbeiten, daß der Schweiß zwischen Haut und Ölzeug rann. Jeder einzelne bekam ein halbes Prozent vom Gesamterlös des Fanges; es lag an ihm, wieviel in diesem halben Prozent steckte. Da wirkte Kaßners Gerede störend. Und darum hatte ihn der andere mit dem Wort »Erzengel« abgewimmelt.

Schritte auf der Brücke. Der matte Scheinwerferfleck tastete sich von der Bordwand weg, suchte das Netz.

»Der Büdel kommt!« sagte der Mann neben Kaßner, klopfte die Pfeife aus, steckte sie durch den Seitenschlitz des Ölmantels in die Hosentasche und schaute nach dem Netz.

Voller Spannung blickten die Matrosen der »Kathrein II« auf die plötzlich emporschießende Kuppel aus schaumigem Silber, die ins Wasser zurückklatschte und breiter wurde. Aus der Nacht fuhren weiße weiche Geschosse in das funkelnde Zappeln hinter den schwarzen Maschen: Möwen.

»Strammer Büdel, Männer!« sagte der Zweite Steuermann. Er sagte es nocheinmal und lauter: »Strammer Büdel!«, weil der Sturm ihm die Worte in den Mund zurückgestoßen hatte.
»Das hat ja man hingehauen«, sagte der Mann neben Kaßner. »Da sind minnigens hunnerd Korb in! Nachtarbeit lohnt sich doch, Erzengel, nöch? Is'n Weihnachtsgeschenk für uns. Da schmeckt der steife Grog gleich um so besser!«
Kaßner erschrak. Er hatte in dieser Nacht seine Kameraden zur »Besinnung« – ein Lieblingswort Kaßners – bringen wollen. Mit dem Vorlesen des Weihnachtsevangeliums, Klock Mitternacht, wollte er das obligatorische Rum-Schlucken hinausschieben. Zwar betrank sich kaum jemand an Bord, aber nach dem Glückwunsch des Kapitäns in der Mannschaftsmesse – Messe, seltsames Wort für einen Eßraum, dachte Kaßner – und nach dem verlegen gebrummten Lied von der Christgeburt griffen doch alle Männer wie erlöst zu den Groggläsern. So war es in den vergangenen Jahren gewesen. Ich hätte ihnen gern eine Minute weihnachtlicher Klarheit zwischen die Arbeit und dem diesjährigen Rum geschoben. Aber es wird schon Mitternacht sein. Kaßner streifte mühsam den starren Ärmel seines Schutzmantels hoch und schaute auf die grünflimmernden Ziffern seiner Uhr. Ja, es ist schon über Mitternacht. »Hand über Hand, bannig fort, pullt den Büdel nu an Bord«, rief der Zweite Steuermann sein Kommando in shanty-ähnlichem Singsang. Die Männer griffen mit ihren grobgenähten Fäustlingen aus Segeltuch in die Randmaschen des Netzes, das die Motorwinde kreischend an die Schiffswand gezogen hatte. Hubweise zurrten die Männer den Fang zur Reling hoch. Der zweite Steuermann zerhackte seine hohen Rufe so, daß den Matrosen ein schnelles, zügiges Arbeiten diktiert war:
»Hiev-up – alle Fische drupp – Hand legt über Hand – der Büdel muß an Land!«

Aus den plumpen Ölzeuggestalten waren flinke Reffmaschinen geworden. Kaßner spürte durch den Handschuh den schneidenden Widerstands des Maschengeflechts, der jäh durch die Kraft der Matrosen am Netz nach oben hin zerrissen wurde und sich eine Armlänge tiefer neu bildete. Widerstand - Zugriff - weg! Widerstand - Zugriff - weg! Im gleichen Sekundenbruchteil packte ein Dutzend Männer zu, um dem Schiff das pralle Netz-Untier zu sichern. Fett und träge wälzte sich die gebundene Beute auf die Kante der Reling zu. Einige bläßliche Rotbarsche hatten sich mit blutenden Kiemen durch die Maschen gewunden und klatschten mit eisigen und klebrigen Schuppenleibern gegen die Gesichter der Männer, deren Haut vom Salz der nassen Luft ohnehin schon wund war.
Kaßner grinste. Er wollte seinem Nachbarn wenigstens ein frohes Weihnachtsfest wünschen, und zwar in dem gleichen monotonen Geleier, wie die gereimten Befehle des Steuermanns kamen: »Ge - seg - ne - te - Weih - nacht - wünscht - dir - der - Erz - engel!« Er sagte es, und der andere tappte einen Arbeitstakt lang mit seinem Fausthandschuh auf den seinen. Kaßner freute sich.
Der Schuß und das Jaulen waren kein Schuß und kein Jaulen. Es war der Knall, mit dem die Drahtäderchen des Windenseils am Königsroller rissen, es war das scharfe Zischen, mit dem der biegsame stählerne Strang durch die Luft peitschte. Der Schlag traf Kaßner schräg über den Rücken und an den Hinterkopf. Dann zog ihn das zurückfallende volle Netz über Bord. Der Mann neben Kaßner schrie so laut, daß es schien, die Stimme gehöre dem Sturm: »Erzengel!«
Kaßner hörte den Schrei. Er hatte sich wenige Meter unter der Wasseroberfläche aus dem Maschengewirr lösen können und stieg senkrecht nach oben: unter seinem geblähten Ölmantel hatte sich beim Fall Luft gestaut.

Als Kaßner seinen Bordnamen hörte, grinste er wieder wie vorhin. Der Schlag des Drahtseils über den Schädel hatte ihn betäubt und ließ ihn die Todesgefahr nicht erkennen. Zwar zog sich Kaßner im übereinanderstürzenden Wasser mit schmerzender Mühe die Seestiefel und den Mantel aus, aber er grinste. »Ich habe sie doch ernüchtert«, sagte er. Aber weil ihm bei diesen Worten Salzwasser in den Mund gurgelte, dachte er nur weiter. In dieser Minute. In dieser nassen Minute. Viel besser als Vorlesen. Der Erzengel hat's geschafft.
Verschwommen sah Kaßner, wie der Scheinwerfer nach ihm faßte, wie Rettungsringe ins Wasser platschten und wild vor seinem Kopf schaukelten und abgetrieben wurden, weil Kaßner zu müde war, danach zu greifen. Erst als ihn eine kippende Welle wieder unter Wasser preßte, begannen seine Beine zu treten und ihn an die Luft zu bringen.
Der Schrei auf dem Schiff war fort. Kaßner hörte, wie das Rettungsboot an der Bordwand entlangschabte. Er hatte viel Hoffnung.

In zehn Minuten ist Bescherung

Um 20.20 Uhr sagte Saul K. Padover: »Fertigmachen! In zehn Minuten ist bei Mitchells Bescherung.«
»Ja, ihr müßt gehen«, sagte Gunning Clumsy und schob das Schachbrett, auf dem er mit einiger Schonung gegen sich selbst gespielt hatte, behutsam zurück. »Hörst du, Zahlkarte? Ihr müßt gehen, in zwei Minuten.«
Der Mann, den Clumsy mit Zahlkarte angeredet hatte, sah aus wie ein dickes, verdorbenes Kind. Man sah dem Menschen die 40 Jahre an den Augen an, aber das andere, das rundliche, gepolsterte, vergnügte Gesicht gehörte einem Baby. Zahlkarte schnallte sich die flache Pistole unter die linke Achselhöhle und zog das taubenblaue Jackett über, dessen wattierte Schultern bis jetzt sorgfältig auf einer Stuhllehne ausgeruht hatten.
Saul K. Padover hatte schon den Flanellmantel an, der dünn wie ein Morgenrock war und lässig durch einen verknoteten Gürtel zusammengehalten wurde. Padover ging zur Tür und sagte: »Komm!«
Zahlkarte kam. Er drehte sich einmal zu Gunning Clumsy herum und lächelte. »Paß schön auf, gute Seele. In 20 Minuten klingelt ein Glöcklein. Dann darfst du deinen Schuh vor die Tür stellen. Vorausgesetzt, daß du gebetet hast.« – Das Lächeln wurde dünner. Jetzt brach Zahlkarte es endgültig ab. »Na ja«, sagte er noch und folgte Saul K. Padover, der schon am Starter des Wagens fingerte.
Es war kalt, und der Starter kicherte lange vergeblich, bis es unter der Motorhaube plötzlich anhaltend und behaglich grunzte. Padover schob den Gang hinein, ließ den Fuß fest auf der Kupplung und gab einige Herzschläge lang Vollgas. Dann sagte er:

»Warm!« und ließ seinen Fuß vom Widerstand der Kupplung sacht hochdrücken.

*

Um 20.20 Uhr lachten Robert Clymer und Fred Ingersoll herzlich. Sie alberten mit Zipfelmütze, rotem, pelzbesetzten Mantel und Masken.
»Wenn ich den Weihnachtsmann für Direktors Zöglinge richtig hinkriege, ist 'ne Beförderung fällig. Der Mann ist geradezu närrisch, wenn es um seine drei Jungen geht. ›Machen Sie die Sache gut, Clymer‹, hat er in der Bank zu mir gesagt. ›Ich weiß, daß Sie der Richtige für so was sind. Sie sind einfühlsam, beweglich, erraten die Gedanken ihrer Mitmenschen eher, als diese sie über die Zunge bringen können. Das ist wichtig in unserer Branche. Sie machen Ihren Weg, und was ich dazu tun kann, wird getan.‹ »Was sagste dazu, Fred?«
»Gratuliere im voraus! Aber vergiß nicht, daß auch von mir 'ne Menge abhängt, ob du befördert wirst oder nicht. Stell dir vor, ich stolpere, wenn ich dir als Weihnachtsmann-Diener die Päckchen nachtrage. Dann verblaßt dein Scharm.«
Robert Clymer hatte gar nicht zugehört. Er sagte: »Als Direktor Mitchell das sagte, mit der Beförderung und so, haben das die meisten Kollegen gehört, gern oder ungern, ich weiß nicht. Jedenfalls grüßen sie mich seit jener Belobigung etwas freundlicher. Das ist geradezu eine Auszeichnung, daß ich als Weihnachtsmann zu Mitchells Kindern kommen darf. Bist du fertig, Fred? Päckchen alle beisammen?«
»Jawohl, und du, Mann unter der Maske, hast du die Sinne alle beisammen?«
»Beisammen!«
»Dann laß uns loszwitschern.«

Robert Clymer und Fred Ingersoll gingen in ihrer Maskerade zur Tür der Appartement-Wohnung. Ingersoll knipste das Licht aus und trat in den Flur. In diesem Augenblick brach er zusammen.
»Ist dir schlecht?« fragte Clymer und beugte sich zu ihm nieder. Da traf auch ihn der Schlagring an den Hinterkopf.

*

Um 20.20 Uhr schaute Direktor Mitchell auf seine Armbanduhr, Marke »Alle Großen der Welt tragen...«, und sagte zu seiner Frau: »In zehn Minuten kommt Robert Clymer mit einem Freund. Clymer macht für unsere Ströppe den Weihnachtsmann. Ehrgeiziger Junge, dieser Clymer. – Gibst du mir mal die Krawatte, nein, die silbergraue, dann brauche ich mich zur Messe nicht mehr umzuziehen. – Weißt du, von diesem etwas schweißigen, unausgegorenen Ehrgeiz der Jungen ist dieser Clymer. Fühlt sich bereits kolossal geschmeichelt, wenn man zu ihm ›Guten Morgen‹ mit Ausrufezeichen sagt, und wenn man ihm auf die Schulter klopft, wächst er förmlich unter meinen Händen. Der sieht sich schon übermorgen als Direktor unten, in unserer Bank. Solche Typen sind allenfalls zum Brötchenholen brauchbar und zum Weihnachtsmann-Spielen, nicht aber für höhere Bankposten. Saul K. Padover dagegen ist ein ganz anderer Schlag. Zäh, verbissen. Mund zu, Augen und Ohren auf. Nie im Vordergrund, aber wenn er da ist, knistert irgend etwas im Raum. Der Mann hat Nerven, die nach einem zehnstündigen Arbeitstag nicht angekratzt sind. Der kommt hoch. Rasch und zügig. – Gibst du mir bitte die Jacke? Dankeschön. Hm, gleich muß Clymer da sein.«
Die Frau nahm ein Fädchen vom Kragenaufschlag ihres Mannes und sagte: »Ich habe auch die beiden Kinder vom Chauffeur eingeladen.«

»Von Derrick? Wieso? Die wohnen doch jetzt in einem ganz anderen Stadtteil, seitdem - er verunglückt ist.«
»Verunglückt in unserem Dienst. Es ist das erste Weihnachtsfest, das die Derricks allein verbringen müssen. Da hab' ich mir gedacht...«
»Schon gut«, lächelte der Mann und küßte seiner Frau leicht die Stirn. »Da kommt wieder dein soziales Empfinden zum Durchbruch. Scheint ja große Gesellschaftsmode zu sein im Augenblick. Na ja.«
Die Frau freute sich, da alles so glattgegangen war. Frau Derrick wartete mit der siebenjährigen Tochter und dem zehnjährigen Jungen schon in einem der unteren Räume. Es wäre peinlich gewesen, jetzt noch umdisponieren zu müssen.
»Aber wie machen wir es mit den Geschenken für die drei neuen - Gäste?«
»Unsere Jungen bekommen zuviel. Der Füllhalter für Charly und das Fernglas für Jack könnten gut abgezweigt werden.«
»Richtig«, sagte der Mann. »Schließlich ist es auch unpädagogisch, unseren Kindern zuviel in den Hals zu stecken. Neulich sagte mir Senator Blaise, ich hinge geradezu mit einer Affenliebe an meinen Jungen. Ich glaube, da muß ich ein wenig bremsen.« Der Mann lachte. Dann lauschte er angespannt. »Das ist Clymer«, sagte er. »Das ist sein klappriger alter Studebaker. Wir müssen runter.«
»Ja«, sagte die Frau. »Unsere Jungen und die Derricks-Kinder warten sicher schon.«
Der Mann winkelte bewußt übertrieben seinen Arm ab. Ebenso hakte die Frau sich ein. Beide lachten, als sie aus dem Schlafzimmer gingen.

*

Der alte Studebaker hielt zwei Dutzend Schritte vor dem Hauptportal von Mitchells Bank, Duke-Square 16.
»Noch eine Sekunde«, sagte Saul K. Padover und hielt Zahlkarte fest. Er musterte die Weihnachtsmann-Verkleidung, die er von Clymer abgestreift und übergezogen hatte, und tastete nach der Waffe und dem Leinensack, den er zusammengefaltet hinter dem Hosenträger stecken hatte. »Warum eigentlich muß Direktor Mitchell seine Wohnung im oberen Stockwerk der Bank haben? Hockt da wie eine Henne auf goldenen Eiern. Fertig, Zahlkarte? Wollen mal hineingreifen in das Nest, damit's für ein ruhiges Leben im reizvollen Exil reicht.«
»Fertig«, sagte Zahlkarte und nahm die Pakete. Padover stülpte die Zipfelmütze über und schlenkerte mit einer heftigen Kopfbewegung den Bommel aus der Stirn nach hinten. Dann ging er voran. Der nur von einer dünnen, löcherigen Schneedecke überzogene Kies knirschte unter den Schritten der beiden. Padover und Zahlkarte gingen am vergitterten Hauptportal vorbei zum Eingang der Privatwohnung.
»Oben ist gerade das Licht ausgegangen«, flüsterte Zahlkarte.
»Rede unbefangen. Wir sind geladene Gäste. Sollen eine Bescherung veranstalten. Wird 'ne schöne Bescherung für den alten Mitchell«, sagte Padover und griff sich noch einmal in die linke Achselhöhle. Das glatte Bakelit des Pistolengriffes war warm und schweißig geworden. Padover ärgerte sich darüber.
»Schwitzt du auch, Zahlkarte?« fragte er.
»Nein«, sagte Zahlkarte.
Jetzt waren sie an der Tür. Padover schob die weiße Pelzimitation über den linken Handwurzelknochen zurück und schaute auf das phosphorgrüne Blinzeln der Leuchtziffern. »20.35 Uhr«, sagte er. »Fünf Minuten Verspätung ist immer gut. Sieht ungezwungener aus.«
Padover drückte auf den Schellenknopf. In der oberen Etage

summte es gedämpft. Die Männer warteten. Padover spürte jetzt den leeren, gefalteten Leinenbeutel an der kurzen Rippe. Drückt mit einemmal wie ein Sandsack, dachte er.

*

Auf dem Treppenabsatz standen die drei Jungen Mitchells und die beiden Kinder der Witwe Derrick. Das siebenjährige Mädchen schaute am aufmerksamsten nach unten. Auf den Wangen glühten zwei Flecken. Die Erregung stieg dem Kind in das Blut. Von oben kam geräuschvoll das Ehepaar Mitchell. »Ah, hat's geschellt?« fragte Mitchell. »Werde mal selbst aufmachen«, sagte er im gleichen Atemzuge leutselig. »Das ist der Weihnachtsmann mit seinem Diener. Ich hab's durchs Fenster gesehen«.
Die Flecken verschwanden jäh aus dem Gesicht des Mädchens. »Halt!« rief es durchdringend. »Es gibt keinen Weihnachtsmann!«
»Na na!« sagte Mitchell und grinste nachsichtig. »Wir wollen ihn mal reinlassen. Er bringt mit seinem Diener schöne Sachen. Für dich ist sicherlich auch etwas dabei. Wo du immer so schön brav warst. Der Weihnachtsmann denkt an alles.« Damit wollte Mitchell sich an dem Kind vorbeischieben.
Aber das verängstigte Wesen stellte sich ihm in den Weg und sagte: »Es gibt keinen Weihnachtsmann! Die Großen verkleiden sich und sagen, daß sie der Weihnachtsmann wären. Es gibt nur das Christkind, das die Welt erlöst hat, und das liegt armselig und klein da und ist nicht groß und stark wie so ein dummer Weihnachtsmann, den es nicht gibt. Von einem Weihnachtsmann will ich nichts haben!«
»Sektiererisches Benehmen«, zischte Mitchell. Die Schelle begehrte abermals auf. Das Kind faßte den Direktor am Ärmel:

»Wir haben es im Religionsunterricht in der Schule gehabt. Das Christkind ist wahr, aber der Weihnachtsmann – !« Jetzt lachte das Kind. Die Stimme zitterte vor angestautem Hohn.
»Diese Aufklärungskampagnen!« sagte Direktor Mitchell und schaute seine Frau mißbilligend an. »Unsere schöne Stimmung wird völlig verdorben.« Und etwas wie Knabentrotz erwachte in ihm, als er prononciert schnaubte: »Und jetzt gehe ich zur Tür und lasse den Weihnachtsmann herein, basta!«
In diesem Augenblick war das lymphatisch weiße Gesicht des Kindes wie von einer jähen Krankheit gezeichnet. »Es gibt keinen Weihnachtsmann!« schrie es durchdringend und in einer derartig irrsinnigen Verzweiflung, daß alle zusammenzuckten. Mitchell wagte es, das Kind zur Seite zu schieben. Da packte das Mädchen mit zusammengepreßten Augenlidern seinen Mittelfinger und biß hinein. Mitchell sagte: »Biest!« und bewegte die Hand heftig hin und her. Der Kopf des Kindes schlenkerte mit. Schließlich taumelte das Mädchen gegen das Treppengeländer, sagte leise: »Es gibt keinen – – –« und brach zusammen.
»Das ist der komplette Wahnsinn!« rief Mitchell und hob behutsam das Kind auf. »Clymer!« brüllte er zur Haustür hinunter, »bleiben Sie noch einen Augenblick vor der Tür! Gleich ist alles geregelt!«
Statt einer Antwort hörte Mitchell, wie rasche Schritte sich über den Kiesweg entfernten und der alte Stubebaker ansprang.
»Verdammt noch mal«, sagte Mitchell. »Ist dieser Clymer denn von allen guten Geistern verlassen?«
»Du bist außer dir, James!« tadelte die Frau.
»Das ist hier ein Tollhaus!« rief Mitchell. »Hier, nimm das hypernervöse Kind und kümmere dich darum. Und ich werde Clymer mal den Marsch blasen.«
»Was sollen wir machen, Paps?« fragten verschüchtert die Mitchell-Jungen.

»Geht ins Wohnzimmer, nehmt die Derricks mit.«
»Was sollen wir denn dort machen?«
»Warten!« sagte Mitchell scharf. »Warten, bis der Weih- -, der Mann mit den Geschenken wieder zurückkommt.«
Mitchell eilte mit katzenartiger Geschwindigkeit in sein Arbeitszimmer. Man hätte dem dicklichen Mann diese Beweglichkeit nicht zugetraut. Er blätterte im Telefonbuch und ließ die Wählscheibe surren. »Hoffentlich ist diese Niete schon wieder in seiner Wohnung«, knurrte er.
Da wurde drüben der Hörer abgenommen. »Clymer?« fragte Mitchell dringlich. »Hier ist Mitchell, Clymer! Was fällt Ihnen ein, abzuhauen, wenn Sie eine Minute warten müssen! Hallo, Clymer!«
Da kam die Stimme von drüben, eine fremde Stimme: »Wer spricht?«
»Hier spricht Mitchell, Bankdirektor James Mitchell vom Duke-Sqare. Wer ist dort?«
»Hier spricht Polizeimeister Veeldey. Auf Clymer ist vor etwa einer Viertelstunde ein Überfall verübt worden. Auf ihn und einen Mann namens Ingersoll.«
»Auf Clymer? Um Gottes willen! Wo ist er denn jetzt?«
»Im Krankenhaus. Platzwunde am Kopf mit leichter Gehirnerschütterung. Wird bald wieder wohlauf sein. Er hatte sich, gefesselt und geknebelt wie er war, zum Radio geschleppt, es angedreht und in voller Lautstärke jodeln lassen. Da kamen die Nachbarn. Und dann kamen wir.«
»Weiß man, wer der Täter ist?«
»Clymer und Ingersoll haben nichts gesehen. Ging alles zu schnell. Clymer ist doch bei Ihnen beschäftigt, ja?«
»Angestellter bei mir. Sollte heute abend den Weihnachtsmann - verflixt - den Geschenkbringer machen. Aber dann waren ja - die Männer - die -. Hören Sie, ich rufe Sie gleich wieder

an. Ich muß erst einmal nachdenken und mir alles zusammenreimen. In Ruhe, wissen Sie.«
»Ja, denken Sie nur ruhig nach! Wir müssen die Nachbarn noch befragen. Frohe Weihnachten, Sir!«
»Ja, ja! Auch so, auch so«, sagte Mitchell. Als er aufgelegt hatte, schlug er sich mit der Faust gegen die Stirn.

Im Schwenkkreis des Krans

Rocco spürte jäh den Frost im Blut. Er spürte ihn wie den Biß einer Dogge. Aber da war keine Dogge auf der kälteklirrenden Baustelle. Da war nur das verärgerte Zischen der Schweißbrenner, das Aneinanderklunkern der Stahlträger unter knirschenden Trossen. Und manchmal die langgezogenen Kommandos der Vorarbeiter.
Rocco versuchte, seinen rechten Handballen von dem Metall zu lösen, auf dem der Rauhreif glitzerte. Der klobig gesteppte Fäustling war verrutscht. Die schweißfeuchte Hand klebte am Stahl.
»Los, Itaker! Mach'n bißchen avanti!«
Kranführer Lüpsen hatten diesen Ruf ausgestoßen. Als Rocco zu dem Mann in der himmelblauen Steppjacke hinübersah, stand Lüpsen noch die zerflatternde Nebelwolke des Atems vor dem Mund. Rocco riß seine Hand mit einem Ruck vom eisigen Stahl. Der Handballen blutete. Der Sizilianer spürte es nicht. Der größere Schmerz hatte den kleineren geschluckt. Das Wort »Itaker« war für ihn ätzender als ein Quadratzentimeter weggefetzter Haut. Rocco legte die Schlinge des Drahtseils schnell und sorgsam um den Träger. Die Trossen spannten sich. Sie hoben fast zärtlich den Stahlträger vom hartgefrorenen braunen Sand und schwenkten ihn in das Skelett hinein, das in einigen Wochen, zusammen mit dem roten Fleisch des Mauerwerks, ein Flugzeug-Hangar werden sollte. Rocco blickte Lüpsen starr ins Gesicht. Nicht angriffslustig. Nur traurig. Es dauerte lange, bis Lüpsen den Blick spürte.
»Na, Itaker? Was guckst du mich so komisch an? Hast du Sorgen?«

»Ja«, sagte Rocco.
»Liegen dir unsere Kartoffeln zu schwer im Magen?«
»Die Kartoffeln nicht!« sagte Rocco.
»Sondern?« fragte Lüpsen und räkelte sich und kletterte tapsig aus dem Gehäuse des Krans und stieg vorsichtig die Leiter hinunter. Er sagte dabei: »Wir machen Fuffzehn. Die drüben haben genug Träger zur Montage. Sollen sie erst aufarbeiten. Also: zwei Zigarettenlängen Pause.«
Lüpsen hielt sich die aufgerissene Zigarettenpackung an die Lippen und nibbelte sich an ein Mundstück heran. Sieht aus wie ein Kaninchen, dachte sich Rocco in diesem Augenblick. Als Lüpsen ihm das Päckchen anbietend hinhielt, zögerte Rocco. Dann nahm er eine Zigarette und saugte Lüpsens Streichholzflamme in den Tabak.
»Danke«, sagte er.
»Prego«, grinste Lüpsen. »Bin ich nicht perfekt auswärts?«
»Fast«, sagte Rocco.
»Wo waren wir vorhin?« fragte Lüpsen.
»Bei den Kartoffeln, die mir nicht schwer im Magen liegen«, sagte Rocco.
»Sondern?« fragte Lüpsen.
»Mir liegt schwer im Magen, daß du uns Italiener immer...«
»Verflixt noch mal, wir brauchen T-Träger. Nicht V-Träger. Ihr habt uns in der letzten halbe Stunde bloß V-Träger rübergeschickt! Lüpsen, laß die T-Träger kommen. Sofort!«
»Geht in Ordnung!« rief Lüpsen zurück. Und zu Rocco sagte er: »Der Bauführer hat 'ne Stimme wie ein Elefant.«
›Und du, Lüpsen, hast eine Haut wie ein Elefant‹, wollte Rocco sagen. Aber seine Lippen waren plötzlich sehr müde, und er sagte es nicht. Er blieb stehen und sah zu, wie Lüpsen die eiserne Leiter emporstieg.
»Her mit den Trägern, Lüpsen!« rief der Bauführer noch einmal.

Lüpsen war auf dem letzten Drittel der Leiter. Rocco sah, wie der Kranführer den Kopf hob, um dem Antreiber etwas zuzurufen. Aber es kam kein Laut heraus. Lüpsen klammerte sich an die Sprossen und schwankte mit fahlem Gesicht hin und her. Die genagelten Grubenschuhe des Kranführers rutschten wie mit einem Grunzen von den Stahlsprossen. Rocco spie die halbgerauchte Zigarette gegen den Trägerstapel und rannte auf die Kranleiter zu. Im Schwenkbereich des Krans wurde das Rennen zu einem lächerlichen Gehopse. Ölkannen verbauten den Weg. Werkzeuge lagen am Fuß der Leiter. Rocco schaffte es, in dem Zeitsplitter am Kran zu sein, als Lüpsen hintenüberfiel. Der schwere Körper des Kranführers schlug wie ein Doppelzentnersack aus dreifacher Mannshöhe in die geöffneten Arme des Italieners. Rocco wurde zu Boden gerissen, spürte einen Stoß am unteren Rand der Schulterblätter. Lüpsen lag auf ihm. Der Kranführer stöhnte. Die Arme ruderten in trägen Reflexbewegungen durch die Luft.

Rocco sah nur seine fortgespieene Zigarette. Nur diesen schwelenden Rest. Er genoß es, den graugelben Rauchfaden so ruhig emporsteigen zu sehen. Fast war er enttäuscht, als einige Monteure auf ihn zuliefen. Sie verdeckten ihm das Blickfeld. Als es wieder frei wurde, hatte ein Fuß den zarten Faden zerrissen, die Zigarette zertreten.

»Lüpsen, was machst du hier für Sprungübungen? Bist doch nicht in der Badeanstalt. Zwei Tage vor Weihnachten ist kein Freibad mehr geöffnet. Jedenfalls nicht in Deutschland. Höchstens in Sizilien. Hahaha.« Der Bauführer versuchte mit seinen gezwungenen Scherzchen den benommenen Lüpsen zu ermuntern. Lüpsen wurde auf die Beine gestellt, festgehalten und abgeklopft. Auch Rocco half man auf.

»Mir ist der Film gerissen«, sagte Lüpsen langsam und knöpfte seine blaue Steppjacke am Hals auf. »Die Zigarette auf'n nüch-

ternen Magen, das wird's gewesen sein.« Jetzt drehte Lüpsen sich zu Rocco um. »Ich hätte mir's Genick brechen können, Itaker, wenn du mich nicht aufgefangen hättest. Dank dir schön. Werd' ich dir nicht vergessen. Und ...«
»Schon gut«, sagte Rocco und schlug in die Hand ein, die ihm der Kranführer entgegenhielt. Und der Sizilianer dachte: ›Sprich um Gottes willen jetzt nicht weiter, Lüpsen. Sag nicht: Und ich lade dich auch nett zu Weihnachten ein, Itaker. In meine Familie hinein laß' ich dich kommen, Itaker. – Sag's nicht! Sonst zwinge ich dich diese Leiter noch einmal hinauf und werfe dich von der obersten Sprosse hinunter wie eine schmutzige Last. Spürst du nicht, Lüpsen, Vorarbeiter, daß es Worte gibt, die wie Dolche zustechen? Warum kommt dir immer dieses abwertende ›Itaker‹ von den Lippen? Bist du gemein, oder bist du nur dumm?‹
Da sagte Lüpsen es. Er sagte: »Und das ist klar, Itaker! Weihnachten feierst du unter meinem Tannenbaum, in meiner Familie.«
Die Monteure konnten es nicht begreifen, warum der Italiener unvermittelt die Faust in Lüpsens Gesicht stieß. Hatte Lüpsen nicht gerade noch den Burschen eingeladen? War das der Dank? – Auch Lüpsen stand fassungslos, als man den Italiener von ihm fortdrängte. »Ist der Itaker wahnsinnig geworden?« flüsterte er und wischte sich das frische Blutgerinnsel aus dem Mundwinkel. »Itaker!« rief der Rocco nach. »Warum hast du mein Weihnachtsgeschenk nicht angenommen, du blöder Hund!?«
Rocco hörte nicht mehr hin. Er ging auf die Baubaracke zu. Er wußte, wo er am Weihnachtsabend sein würde. In der Bretterbude zurrte er beim bullernden Kanonenofen sein Arbeitszeug zu einem Bündel zusammen. Der aufgerissene Handballen schmerzte. Endlich, dachte Rocco.

Kein Abend für Kassiber

Er bekam eher Antwort, als er erwartet hatte. Das Schreiben der Behörde war sogar persönlich gehalten: Er dürfe seinem Wunsch gemäß in der Anstalt lesen und möge einige Termine nennen, die ihm genehm seien, damit man sich auf ein Datum einigen könne. Im übrigen wisse man es zu schätzen, daß er aus sozialem Antrieb - - -
Als der Schriftsteller den Gemeinschaftsraum des Zuchthauses betrat, standen die Männer in den Bänken auf, und Scham brannte derart heftig hinter den Augen des Mannes, daß er sie schließen mußte. Erst als er sich sagte, das Aufstehen habe regementgemäß dem Direktor gegolten, der neben ihm den Saal betrat, wagte er weiterzugehen, den Blick auf das hohe Pult gerichtet, neben dem eine kleine verwachsene Tanne mürrisch nadelte. Der Raum war überheizt.
Der Direktor beendete seine kurze Einführung: ein Gemisch aus ernster Mahnung und wohlwollendem Zuspruch, den Sätzen ähnlich, mit denen der Leiter eines Gymnasiums einen gastierenden Berufsberater einführt. Der Schriftsteller trat auf das knarrende Podium, hob den Kopf und sah die Gemeinde seiner Zuhörer.
Es ist nicht so furchtbar, wie ich es mir vorgestellt habe, dachte er. Die Männer vor mir tragen einen normalen Haarschnitt, ihre Kleidung ist nicht gestreift, kein Nummernaufdruck stiehlt ihnen den Namen. In ihren hellblauen verwaschenen Drillichanzügen sehen sie aus wie Schlosser in einer Arbeitspause. Und der Raum mit seinen stufenweise überhöhten Sitzreihen gleicht einem geschrumpften Auditorium Maximum.
Allerdings saßen wir im Hörsaal hautnah aneinander. Auch die

Freiheit hat ihre Engen und die Gefangenschaft ihre Leerräume. Jeder sitzt in seinem abgegrenzten Holzkasten, der ihm bis zur Brust reicht. Die Hände haben die Männer auf der Bankbrüstung liegen, zumeist gefaltet, brav und wartend. Ich muß anfangen, dachte er.
In dieser Sekunde verwünschte er seine Gewohnheit, erst beim Anblick des Publikums zu entscheiden, welche seiner Erzählungen er lesen würde. Er konnte vom Thema und den geographisch breitgestreuten Schauplätzen her je nach älterer oder jüngerer Zuhörerschaft auswählen. Aber hier ist keine Möglichkeit, jung von alt zu trennen. Das Gesicht vor mir in der ersten Reihe ist in seiner wäßrigen Ausdruckslosigkeit, mit seinen gedunsenen Zügen der Zeit entrückt. Der schmale Schädel daneben mit den daumentiefen Einbuchtungen an den Schläfen kann ebensogut einem Zwanzigjährigen wie einem Greis gehören. Und auch das dritte Gesicht, das durch seine schwarze Augenklappe einen abenteuerlichen Akzent erhält, hat mit dem chronologischen Ablauf der Tage und Jahre nichts mehr zu tun. Was also darf ich vorlesen? Sie sitzen in ihren Verschlägen und sehen einander nicht. Sie schauen mich in einem Gemisch von Gleichgültigkeit und lässiger Erwartung an, und von ihren linken Oberarmen glimmt eine weiße Armbinde, das Zeichen der priviligierten Kaste dieser Kasematte aus Beton und stählernem Geflecht. Kann ich den Golf von Mexiko bis an die Sitzreihen schieben oder Islands Küste? Ich darf es nicht, wenn ich die Zuchthäusler – warum gebrauche ich dieses Wort? – nicht verwunden will; und dazu bin ich nicht hergekommen. Es wäre brutal, Knabenträume zu wecken und sie dann an meterdicken Mauern zerschellen zu lassen. Und darf ich Kreolinnen oder Mädchen aus der Provence hierherzaubern? Würde es nicht genügen, mit zwei, drei Worten eine Frau vor den Männern zu zeichnen, um ihnen den Schweiß in die Handteller und das Blut durch die Schläfen zu jagen?

Diese Gedanken hatten nicht mehr Zeit gebraucht als das Anzünden einer Zigarette.
Dann las er seine erste Geschichte: die Nöte eines tolpatschigen Kindes.
Erst zur Mitte der Erzählung hin begannen die ungewöhnlichen Zuhörer sich zu lösen. Einzelne Lacher flackerten auf und vereinigten sich an manchen Stellen zu einem Chor der Heiterkeit. Der junge Mann fühlte sich durch die unerwarteten Ovationen gedrängt, noch sorgfältiger, noch modulierter als sonst zu sprechen. Er umwarb vor allem das bleiche Rundgesicht mit der schwarzen Augenklappe, denn dieses Gesicht blieb unbeweglich und traurig. Was ist mit dem Mann? Will er etwas anderes von mir als eine Geschichte? Will er mir einen Kassiber zuschmuggeln, den ich aus diesem Steinklotz ins Freie bringen soll? Das fahlgraue Gesicht schaut mich nicht einmal an. Es richtet sein unverdecktes Auge auf das kraftlose Grün der dünnstoppeligen Tanne und ist für mich nicht mehr als eine getrübte Scheibe, auf der ich kein Bild entziffern kann.
Plötzlich erkennt er: ich bin es, der Kassiber unter diese Männer zu verteilen hat, ohne Bedenken, ohne Furcht, ohne falsche Hygiene der Rücksicht. Kassiber, die eng mit den Zeichen jenseits dieser pressenden Mauern beschrieben sind. Kassiber vom Rhein bis zum Rio Grande, von Kirkenes bis Bali, Kassiber ohne Verschlüsselung.
Da las er seine Erzählung wie sonst, ohne Unterschlagungen. Er projizierte die Gemälde freiheitlicher Tage, wie er sie empfunden, gesehen und behalten hatte.
Die Worte hörten damit auf, Kassiber zu sein. Am Abend der Wahrheit gibt es keine Kassiber. Nur eine Botschaft.

Paketschalter geschlossen

»... Bis jetzt war es einfach, Weuster. Bis jetzt kannte unser Betrieb nur Gewinne am Wirtschafts-Roulette!« Das hatte Dr. Karp gesagt mit seiner milden, beweglichen, volltönenden Altherren-Stimme, die an Märchenerzähler im Kinderfunk denken ließ.
Weusters Einwand – »Na, so ganz von selbst ging es nicht, als wir ...« – wurde von Karp zerbrochen.
»Doch unsere Geschäfte flutschten von selbst, Weuster«, hatte Dr. Karp gesagt. »Ganz gleich, ob wir Rot oder Schwarz, Paar oder Unpaar setzten oder die Bank hielten. Eine Art Wunder-Croupier schob jedem Spieler lächelnd die Chips zu. Jeder bekam mehr heraus, als er eingesetzt hatte. Jeder. Verlierer gab's nicht mehr. Weder unter den blaßgesichtigen Gelegenheitsspielern noch unter den hartgesottenen Profis. Und den alten Hasen unter uns machte dieses groteske deutsche Spielkasino ohne jedes Risiko schon seit Jahren keinen Spaß mehr!«
»Und jetzt macht es Ihnen wieder Spaß, Herr Dr. Karp?« hatte Weuster gefragt.
»Und ob! Jetzt hat endlich einer das längst fällige Rien-ne-va-plus gerufen, das Nichts-geht-mehr. Jetzt müssen die Jobber wieder aufpassen. Jetzt müssen wir unsere ›todsicheren‹ Systeme wieder aus den Taschen ziehen. Jetzt kann man die Bank wieder sprengen!«
»Und jetzt gibt's auch wieder Selbstmörder am Eingang des Kasinos. Mit leeren Taschen.« Weuster hatte es bitter dazwischengeworfen.
»Das gehört zum Spiel!« hatte Dr. Karp gesagt, ohne Zynismus, einfach feststellend. »Ich weiß, worauf Sie hinauswollen, Weu-

ster. Sie meinen den Chef der Chemaco, der nicht mehr aus und ein wußte, als es mit einem Male wieder Spielregeln gab. Eben darum habe ich Sie hierherkommen lassen, Weuster. Unserem Laden darf so etwas wie die Chemaco-Pleite nicht passieren. Jetzt gibt's doppelte Arbeit bei uns. Haarfeine Kalkulations-Adern, die das Ganze durchbluten müssen. Ein paar überflüssige Leute müssen raus. Ballast muß weg. Ich garantiere Ihnen bis Weihnachten einen Vierzehn-Stunden-Tag, Weuster!«
Ja, das alles hatte Dr. Karp gesagt. Vor acht Wochen. Und er hatte recht behalten, wie immer, wenn es um seinen Betrieb ging. Und wegen Karp laufe ich jetzt einen Tag vor Heiligabend hier durch unsere mickrige Stadt zum Postamt, um das Paket an Mutter abschicken zu können. Jetzt erst. Wäre schon vor acht Tagen fällig gewesen, der Absendetermin. Aber vor acht Tagen sperrte mich Karp geradezu in meinem Arbeitszimmer ein. Arbeits-Arrest. Mahlzeiten auf den Schreibtisch gestellt. Telefon unterbrochen. Damit ich nicht gestört würde, hatte Karp gesagt. Und gemeint hat er: Damit Sie sich nicht ständig durch die Nachrichten über ihren siebenjährigen Georg aus dem Konzept bringen lassen. Georg, der Scharlach hat. Nein: hatte. Der Arzt meinte, bis Weihnachten ist er über den Berg.
Weuster grüßte flüchtig und unbeholfen – er trug das Paket – zwei Angestellte seines Betriebes. Als er den Hut wieder aufsetzte, spürte er, daß die Krempe schief über der Stirn saß. Aber er nahm sich nicht die Zeit, den Sitz mit einem Handgriff zu berichtigen. Er wollte nicht ins Laufen kommen, aber er beeilte sich so, daß er die steifbeinige Schnelligkeit von Gehern im sportlichen Wettkampf erreichte, mit der entsprechenden komisch anmutenden Körperhaltung.
Ich bin das Laufen nicht mehr gewöhnt, dachte Weuster. Ich habe es verlernt. Bei diesen paar Schritten schon macht das Herz holperige Schläge, und das Unterzeug wird klamm vom

Schweiß. Und die Werkswagen sind unterwegs. Und ein Taxi ist nicht zu bekommen, heute. Pechtag. Und morgen ist Heiligabend.
Weuster stolperte in das Postamt, in dem drei gleichlange Menschenschlangen vor den Briefschaltern ein Dunstgemisch aus Kleidernässe und verbrauchtem, hastigen Atem in den überheizten Raum schickten. Weuster wunderte sich, daß niemand vor dem Paketschalter stand. Aber dann sah er das nachlässig, aber dick beschriebene Pappschild: »Paketschalter geschlossen. Annahme morgen ab 8.30 Uhr.«
»Verdammte Situation«, sagte Weuster. Er wollte gegen die dikke Milchglasscheibe des Schalters klopfen. Aber dann fürchtete er sich vor einer ergebnislosen Auseinandersetzung mit einem uniformierten Jüngling, der ihm mit überlegenen Grinsen ein Blatt voller Statuten und Paragraphen vor das Gesicht halten würde. Weuster ging. Auf der Straße nahm Weuster das Paket unter den anderen Arm. Er ging langsamer, aber erst, als er sich durch inneres Kommando dazu gezwungen hatte. Morgen wird das Paket angenommen, aber es bleibt liegen. Vielleicht kommt es irgendwann zwischen Weihnachten und Sylvester bei Mutter an. Wahrscheinlich aber erst im neuen Jahr. Heute hätte ich es noch fortgekriegt, mit Eilboten und dergleichen. Aber morgen? Telegramm ist das einzige, was Mutter noch erreicht. Glückwunschtelegramm. Aber im Päckchen waren doch die persönlichen Dinge, die ich für Mutter ausgesucht habe, die Originalausgabe von Dickens Weihnachtslied, die sie sich schon immer gewünscht hat, die neuen Bilder von Georg, Farbaufnahmen natürlich, und die Bettjacke, die Uschi für sie gestrickt hat. Ein Telegramm, das ist mir zu albern und Mutter zu – dürftig. Mit Recht. Schließlich bin ich noch nicht so weit mit meinen Gefühlen abgesunken, daß ich mich wie ein Manager-Knülch benehme, obgleich Karp das beinahe bei mir geschafft hätte. Kuli. Höherer Kuli.

Weuster erschrak. Drüben stieg Dr. Karp ins Auto. Vor einem Photo-Laden. Ein Mädchen im tintenblauen Kittel trug ihm einen Karton nach. Wird Geschenke für seine Jungen eingekauft haben, der Karp, dachte Weuster. Einen Projektor für die Urlaubsfilme oder was weiß ich. Seltsam, warum erschrecke ich, wenn ich Karp sehe? Vielleicht, weil ich gerade an ihn gedacht habe. An Karp denke ich mehr als an meine Familie, mehr als an meine Mutter, die Karps wegen nicht einmal ein Päckchen bekommt.

»Herr Dr. Karp!« Weuster wurde es erst bewußt, daß er diesen Ausruf getan hatte, als er schon über die Straße lief, auf Karps Wagen zu. Die Idee war zu plötzlich gekommen. Karp kann mich mit seinem Wagen zu meiner Mutter bringen oder bringen lassen. Schließlich wohnt sie ja nur siebzehn Kilometer von hier entfernt in der Nachbarschaft. Und schließlich ist Karp der Anpeitscher gewesen. Der Schuldige am Vergessen unserer Familien.

Weuster konnte gerade noch der spitzigen Kühlerhaube eines alten Dreirad-Lieferwagens ausweichen, als er sah, daß Karps Auto losfuhr. Einige Schritte lief Weuster dem Wagen nach. Er hätte laut schimpfen können. Obszöne Worte für Karp formten sich automatisch. Dann blieb Weuster stehen.

Warum muß es Dr. Karp sein, der mich zu meiner Mutter bringt? Warum habe ich nicht schon längst versucht, sie mit der Familie zu Weihnachten aufzusuchen oder zu uns zu holen? Warum brauche ich jetzt meinen Chef und einen geschlossenen Paketschalter als Sündenböcke, als verlegene Ausflüchte? Er ging die Straße, die aus der Stadt hinausführte. Draußen wird mich vielleicht ein Wagen mitnehmen, wenn ich gut winke, dachte Weuster.

Als ob die Hirten einen anderen Herrn hätten...

Brief des Pächters Ibrahim an Ben Charub, Eigentümer eines Grundstückes mit Stallungen vor Bethlehem.

Mächtiger, gefürchteter und geliebter Ben Charub!

Die drei Drachmen Pachtzins überbringt Dir hiermit wie alljährlich um diese Zeit als Bote mein begabter Neffe Lom. Zum Geld aber habe ich Dir einen Brief beilegen müssen für diesmal, einen Brief, den ich dem Schriftkundigen Echail aufgesagt habe, wobei ich ihn um mögliche Kürze bat, da er sich jedes Wort bezahlen läßt – der Schlaufuchs – und oft ins Blumenreiche gerät.
Großer Ben Charub, auf Deinem Grundstück und in dem Stall, den Deine Güte und Menschlichkeit mir zur Pacht überlassen haben, ist Ungewöhnliches geschehen. Ich möchte gleich bitten, erhabener Eigentümer, die Ursachen dieser Geschehnisse nicht bei mir zu suchen. Ich bin nur Pächter und habe schon Mühe, mich in meiner Familie und meinem Hauswesen durchzusetzen – Du kennst mein Weib Rachel –, und besitze nicht einmal einen Abglanz von der Stärke unseres unvergleichlichen Kaisers Augustus, der die Volkszählung anordnete. Mit dieser Volkszählung begann alles, was Dein Grundstück und Deinen Stall in Mitleidenschaft gezogen hat. Es kamen Scharen von Auswärtigen in unseren Ort, wenige Bekannte nur, die meisten wildfremd. Die Menschenmengen brachten Unruhe in unsere Gassen und schreckten auch nicht vor den Schwellen unserer Häuser zurück, wenn sie Speise oder eine Schlafstatt brauchten. Manche beriefen sich auf verwandt-

schaftliche Bande, an die sich bei uns kaum jemand erinnern konnte.

Zu mir kam zum Beispiel ein gewisser Joseph, der behauptete, vor vierzig Jahren in meinem Haus geboren und ein Vetter von mir zu sein. Das mochte stimmen – oder auch nicht. Im Gesicht konnte ich eine Familienähnlichkeit nicht ausmachen; nun sah der Mann etwas struppig, aber sonst harmlos aus.

Er hatte ein junges Mädchen bei sich, das ein Kind erwartete. Nach einigem Zögern wollte ich sie einlassen, als Rachel mich von hinten anstieß und mir zuflüsterte, welche Scherereien die beiden uns in Haus bringen würden: Aufregung, Arbeit und Lauferei.

Und da Rachel in solchen Dingen und allen anderen recht hat, mußte ich bedauernd die Schultern heben und die Tür langsam wieder zumachen und dann fest verschließen.

Und dieser Joseph und seine Frau müssen es gewesen sein, die ohne Erlaubnis Deinen Stall aufgesucht und sich für einige Wochen darin eingerichtet haben. Und die Frau hat ihr Kind dort zur Welt gebracht.

Wie gesagt, von mir aus hatten sie für nichts eine Erlaubnis, aber wer fragt denn heutzutage schon nach Erlaubnis eines Pächters. Wenn's wenigstens noch der Eigentümer wäre! Mit einem Wort: Es waren Stallbesetzer!

Nun haben diese beiden, der Joseph und seine Frau, den Stall eigentlich recht ordentlich gehalten, manches sah nachher sogar besser als vorher aus: Die Tür war instand gesetzt, und vier Dachsparren waren säuberlich geflickt; der Mann muß handwerkliches Geschick haben. Aber dafür fehlte einiges an Futtergetreide, und auch ein paar Strohgarben waren zerlegen und zu Häcksel geworden.

Und dieses Paar und das Kind müssen viele Besucher gehabt haben, ganze Volksscharen von Besuchern: der Vorplatz ist arg zertrampelt, und mehrere Feuerstellen haben das Gras bis zur Wurzel versengt. Das dauert Jahre, bis da was nachwächst. Von der Handelsstraße bis zum Stall ist ein richtiger Weg entstanden, was für uns unangenehm ist, da jetzt manche Reisenden irregeführt werden und den neuen Pfad entlanggehen in der Hoffnung, auf eine Karawanserei zu stoßen. Aber das Schlimmste sind nicht diese äußeren Veränderungen. Da ist in den Dingen selbst etwas anders geworden: im Holz, in den Gräsern, tief im Boden, in den Tieren - ja, und in den Menschen, Ben Charub, Du Kenner der Menschen in ihren Unarten und Eigenarten.

Als ich im Stall nach den Rechten sah und die Hirten über die Vorgänge zur Rede stellte, kümmerten sich diese Männer kaum um mich. Sie ließen den früheren angenehmen Gehorsam vermissen. Sie blickten durch mich hindurch und sahen aus, als ob sie nicht mehr Deine Bediensteten, sondern anderweitig Beschäftigte wären. Ich kann es nicht richtig erklären. Vielleicht doch: Die Hirten sahen aus, als ob sie einen anderen Herrn angenommen hätten.

Da müßtest Du, edler Charub, als rechtmäßiger Eigentümer dieser Gegend und ihrer Menschen doch sofort etwas unternehmen!

Das Paar und das Kind sind schon seit einiger Zeit fort. Die Familie soll plötzlich aufgebrochen und bei Nacht über die Grenze gegangen sein.

Seit der Flucht dieses Joseph und seiner Frau und des Kindes fehlt auch mein Esel Guman, den ich in Deinem Stall stehen hatte. Aber ein Hirtenjunge brachte mir eine Nachricht von dieser Familie: sie habe den Esel dringend gebraucht, und hier sei die Bezahlung, ein Stückchen Gold.

Nun, der Kaufpreis war ja reichlich, und ich habe mir von dem Goldstück ein stärkeres Tragtier als diesen klapprigen Guman

angeschafft, so daß wir diese Angelegenheit rasch vergessen können.
Nur das mit den veränderten Menschen, das solltest Du hier auf Deinem Grund und Boden überprüfen. Ich sehe Deiner Ankunft entgegen und bin bis dahin

        Dein dankbarer und besorgter Pächter Ibrahim.

Statt eines Nachworts: Lebte Christus nur ein paar Stunden?

Wenn wir Mahatma Gandhi sagen, stellen wir uns nicht einen nackten, rosigen Säugling auf dem obligatorischen Krabbelfell im Studio des Familienfotografen vor. Wir sehen vielmehr einen ausgezehrten Mann, der sich in die Gefängnisse der Besatzungsmacht schleppen läßt, der langfristige Hungerstreiks durchsteht, der in der Volksmenge zu Hause ist, der in der Volksmenge sein Konzept von der gewaltlosen Veränderung der Verhältnisse erklärt und der aus der Volksmenge heraus ermordet wird.
Wenn wir Martin Luther King sagen, denken wir nicht an ein Negerbaby, sondern an einen Erwachsenen in der Spitzengruppe eines Demonstrationszuges, an den zwingenden Formulierer von »I have a dream...«, an den Gemeuchelten von Memphis, Tennessee.
Aber sagt man Christus, dann schrumpft bei vielen Zeitgenossen das Vorstellungsvermögen auf das Krippenkind zusammen; auf ein von manchen Künstlern kosmetisch behandeltes, barock ausgestattetes Krippenkind eher als auf den Säugling, der nach einem selbstsicheren Gesellschaftskodex als in der »unteren Unterschicht zur Welt gekommen« registriert wird: Geburt im Futtertrog eines Viehschobers, für dessen Betreten keine Erlaubnis des Eigentümers vorliegt, also: Hausbesetzung. Ob realistisch, ob idealisiert: wenn der Geburtstag von Jesus Christus gefeiert wird, bekommen die ersten Stunden seines Lebens eine gesteigerte Aufmerksamkeit, die seinem dreiunddreißigjährigen irdischen Dasein insgesamt nicht wieder zuteil wird.
Dabei tritt der biographische Stellenwert dieser ersten Lebens-

stunden zurück gegenüber den späteren Jahren, als Christus »Öffentlichkeit herstellt«, als er Ungewöhnliches verkündet, als er gegen Gewöhnliches demonstriert, als er so handelt, daß damalige Gesetzesauffassung ihn als Illegalen brandmarkt.
Warum verbraucht sich die Vorstellungs-Energie, die ein Teil der Menschheit immerhin noch für Christus aufzubringen bereit ist, so intensiv und fast ausschließlich für den Beginn seines Lebens?
Es würde einem vielverbreiteten theologischen Wunschbild entsprechen, wenn die Antwort lauten könnte: Die Geburt Christi bekommt eine derart unproportional große Aufmerksamkeit, weil hier die Unfaßbarkeit verarbeitet werden muß: Gott ist Mensch geworden!
Gegenüber dieser Interpretation muß die schlichtere Vermutung gestattet sein, daß viele Menschen sich das Dasein Christi so willkürlich zurechtkürzen, daß viele seine ersten Lebensstunden derart angestrengt feiern und ihn dann später kaum mehr beachten, weil fast alles an seinem kommenden Wirken sie irritiert.
Der Säugling Jesus verbreitet in den meisten Krippendarstellungen ständig jenes mit dem Attribut »holdselig« umschriebene Lächeln, in dem sich nahezu jeder Charakter bestätigt fühlen kann. (In Wahrheit wird der Säugling in dem windschiefen Feldgehäuse und auf der spelzigen Spreu häufig und mit jener Ausdauer gebrüllt haben, wie es junge Elternpaare in dünnwandigen Zellen des sozialen Wohnungsbaus allnächtlich fürchten.) Offenbar ist man der Überzeugung, daß die vermeintlich permanente Vergnügtheit der ersten Stunden des Christus in Säuglingsgestalt weidlich genutzt werden muß, denn späterhin lächelt und lacht er nicht mehr, jedenfalls läßt keine Passage des Neuen Testaments auf eine Heiterkeitsbekundung des Jesus Christus schließen.

Darum vielleicht die Verbissenheit, der merkantile Aufwand, die Ausgepumptheit, mit der wir die erste Lebensphase Christi abfeiern. Noch verpflichtet dieses Wesen uns zu nichts. Noch werden seinetwegen keine Altersgenossen gemordet, noch reißt er als Junge nicht aus, noch gibt er seinen Eltern nicht jene merkwürdigen Antworten, die nun nicht gerade als Dokumentation des Gehorsams gegenüber Autoritätsträgern vorgezeigt werden können.

Noch ist Christus ein Neugeborener. Noch fehlt ihm die Sprache als Transportmittel für die Wesenselemente seiner Verkündigung, noch kann er seine Gleichnisse nicht artikulieren, um die ihn bis heute jeder Rhetoriker, jeder Schriftsteller beneiden muß.

Noch hat Christus nicht gesagt, daß es ein himmelschreiendes Unrecht ist, wenn wenige alles haben und die meisten nichts. Noch hat er nicht lehren können, daß die Anbetung lauten sollte: »Vater unser...« und nicht etwa »Profit unser...«

Noch hat er nicht zu verstehen gegeben, daß seine Maßstäbe nicht an bestimmte Tarifforderungen, Besoldungsgruppen, Honorare und Gagen gebunden sind.

Noch ist Christus wenige Stunden alt. Noch hat er die Geldscheffler nicht aus dem Tempel gejagt, die aus dem Glauben, der Arbeitskraft und der mangelnden Informiertheit anderer Kapital schlagen.

Noch liegt Christus zwischen den Krippenbrettern. Noch ist er nicht auf den Berg gezogen, und noch hat er seine Predigt nicht in die Welt hineingesagt, sein Programm.

Noch hat er nicht eindeutig klargemacht, daß Schwerter, Panzer, Napalm-, Neutronen- und Atombomben nicht von seinem Geiste sind, sondern gegen ihn gerichtet sind, gegenchristlich und damit unchristlich sind, gegenmenschlich und damit unmenschlich sind.

Noch ist Christus nicht an sein Kreuz geheftet.
Es steckt soviel an neuem, ungewohnten Muster in dem, was er drei Jahrzehnte nach seiner Geburt gesagt hat. Und weil wir sein Muster nicht begreifen wollen, weil wir diesen unbequemen, ärgerlichen Entwurf Christi so schwer mit dem Modus unseres Lebens in Einklang bringen können, darum schaffen wir Abstand von den entscheidenden Jahren seines Lebens und begnügen uns mit dem Szenarium seiner Geburt.
Aber – lebte Christus nur ein paar Stunden?